말실수를 하고 나서야 사람은
비로소 자신이 무슨 말을 억제해왔는지 깨달을 수 있다.
폴 에크만

나는 내가 되고자 추구하는 바로 그것이다.

고든 올포트

걱정은 결코 내일의 슬픔을 없애주지 못한다.
그저 오늘의 기쁨을 말려버릴 뿐이다.
레오 부스카글리아

감정은 우리가 세상을 보는 방법과
타인의 행동을 해석하는 방법을 바꾼다.
폴 에크만

《重口味心理学.2》
作者：姚尧

나도 모르는
내 마음의 심리법칙

나도 모르는 내 마음의 심리법칙

펴낸날 2023년 2월 10일 1판 1쇄

지은이_야오야오
옮긴이_김진아
펴낸이_김영선
편집주간_이교숙
교정교열_정아영, 나지원, 이라야
경영지원_최은정
일러스트_다즈랩
디자인_바이텍스트
마케팅_신용천

펴낸곳 (주)다빈치하우스-미디어숲
주소 경기도 고양시 일산서구 고양대로632번길 60, 207호
전화 (02) 323-7234
팩스 (02) 323-0253
홈페이지 www.mfbook.co.kr
이메일 dhhard@naver.com (원고투고)
출판등록번호 제 2-2767호

값 16,800원
ISBN 979-11-5874-177-8 (03180)

우리는 왜
가끔 미친 짓을 하는 걸까

나도 모르는 내 마음의 심리법칙

야오야오 지음 · 김진아 옮김

미디어숲

프롤로그

멜랑콜리한 인생도 매력이 충분하니까

심연의 깊은 바닷속 어두운 동굴, 그곳에는 '멜랑콜리 melancholy'라는 감정이 살고 있다. 그는 해가 뜨고 생명체들이 하나둘씩 활동을 시작할 때 숨어 들어가 모두 잠이 든 깊은 밤에 눈을 뜨고 활동을 시작한다. 그는 깊은 밤을 사랑한다. 오직 혼자만 깨어있는 그 적막한 공기에 심취해 그만의 시간을 즐기는 것이다.

누군가 그에게 말이라도 걸라치면 그는 두 눈을 감고 순식간에 마치 투명인간이 된 듯이 행동한다. 아무에게도 보이지 않는 것처럼, 아무에게도 들키고 싶지 않은 것처럼 공기의 흐름을 무겁게 지휘한다. 멜랑콜리를 감싸는 공기는 때론 희박하고 때론

포화상태가 되어 주변마저 어둠의 세상으로 삼켜버리기도 한다.

멜랑콜리는 언제부터 어둠을 찾아 숨어들기 시작했을까?

멜랑콜리는 원래 질병의 이름이다. 그리스어의 '검다'는 뜻의 멜랑melan과 '담즙'을 뜻하는 '콜레cholē의 합성어로 체액 중에서 흑담즙이 과해지는 상태를 말한다. 그리스어로는 '멜랑콜리아melancholia'라고 불렀다.

주로 이 병에 걸린 사람들은 행동이 느리며 무기력한 모습을 보이고 늘 음울한 표정을 지닌다. 처음엔 의학용어로 사용되던 '멜랑콜리'는 서서히 인간의 감정 중 '우울'이나 '비애'를 대신하는 용어로 사용되기 시작했다. 그러니 멜랑콜리는 인간의 기본적인 감정 중 하나로 볼 수 있다.

인간에게는 슬픔, 분노, 혐오, 경멸, 두려움, 희열이라는 6가지 감정이 있는데 여기에 우울감을 담당할 멜랑콜리가 추가된 것이다. '멜랑콜리'라고 하면 다소 낭만적으로 들리지만 쉽게 이야기하면 '우울 증상'을 뜻한다.

우리는 깊은 바닷속 동굴에 사는 멜랑콜리처럼 우울한 상태에 빠져든다. 마치 몸속에 진한 담즙이 잔뜩 생성돼 불편감이 느껴질 때처럼 우울한 상태가 되면 우리는 모든 일에서 흥미를 느끼지 못한다.

그런데 왜 우리는 자주 이런 기분이 드는 것일까? 왜 시도 때도 없이, 그리고 별 이유 없이 멜랑콜리한 상태, '우울의 바다'에 빠져드는 것일까?

과일을 깎다 손을 잘못 놀려 피를 흘린 적이 있을 것이다. 엄지손가락에 살짝 베인 상처는 깊지 않아도 늘 신경이 쓰이고 반창고를 교체할 때마다 인상이 찌푸려진다. 신체의 외상은 이렇게 쉽게 알아차리고 서둘러 치료하려 하지만 우리 마음속에 난 상처는 당최 알아차릴 수가 없다.

언어의 칼에 베어 눈물을 흘리고, 타인의 시선이 내리꽂는 창에 찔려 피를 흘려도 우리는 왜 갑자기 내 안의 모든 감정이 스러져 일어나지 못하는지, 어둡고 깊은 우울의 바다에서 헤어나오지 못하는지 알지 못한다. 설사 은연중에 발견했다 해도 섣불리 치료할 생각조차 하지 않는다.

저자는 그런 마음의 상처를 찾아 그 상처의 원인과 치유를 살펴보는 데 초점을 맞췄다. 이 책은 너무나도 복잡다단한 사회를 살아가는 현대인들이 감기처럼 한 번쯤 겪어봤음직한 심리적 질병을 조명해 본다. 왜 우리는 뜬금없이 바닥에 들러붙은 껌처럼 고집스럽게 동굴 속에 숨어 우울감을 호소하는지, 왜 잠 못 들고 뒤척이며 불면의 밤을 보내야 하는지, 왜 나도 모르는 의식 너머의 세계로 인해 나도 원하지 않았던 미친 짓을 불쑥불쑥하는지 말이다.

그 원인을 찾아 상처를 보듬어 치유를 위한 처방을 내려보기로 한다. 그러기 위해선 인간의 잠재의식을 살펴보는 일은 무엇보다 중요하다.

일상생활에서 우리는 종종 방심하는 사이에 잘못을 저지르게 된다. 예컨대, 말실수를 하거나 오타를 쓰기도 하고 글을 잘못 읽거나 다른 사람의 말을 못 알아듣기도 한다. 대개 이런 실수를 하면 조금 부끄럽기는 해도 따로 언급하지 않고 재시도한다. 아니면 여러 가지 이유를 대며 변명한다. 실수를 부르는 결정적 단서와 그 다양성은 모두 '잠재의식의 표현'이다.

잠재의식은 우리 삶의 온갖 '극악무도'한 것들을 혼자 감당하면서 우리의 의식이 정상적으로 보이는 척해 준다. 의식은 마주하고 싶지 않거나 감당하기 힘든 일들을 잠재의식으로 모두 '이양移讓'한다. 그래서 의식의 세계는 아무런 문제도 없고 바람조차 없이 잔잔하다. 하지만 의식의 바로 아래에는 거친 파도가 용솟음치는 '잠재의식의 세계'가 존재한다.

하지만 잠재의식에 이양하는 것도 한계가 있다. 잠재의식 속에 '암울한 것'이 너무 많이 쌓이면 동요가 심해져 의식 영역까지 영향을 받게 되는데 그 영향으로 여러 부정적인 감정과 심리적 질병이 표출되는 것이다. 즉, 심리적 질병의 근본 원인은 모두 잠재의식에서 발생했다고 말할 수 있다.

이렇게 의식의 등 뒤에 꽁꽁 숨어버린 잠재의식의 상태를 진단하기 위해 우리는 최면이라는 도구를 이용한다. 모두 9단계로 이루어진 최면의 지하 궁전 속에는 어떤 일들이 벌어지고 있는지 알아본다. 최면에 걸린 우리는 원하는 단계에 자유자재로 들어갈 수 있고 시간도 융통성 있게 조절할 수 있다. 가령 과거로 돌아가 노인에서 소년이 될 수도 있고, 미래를 점칠 수도 있다.

또한 시간을 왜곡할 수 있어서, 1분을 한 시간처럼 느끼게 연장할 수도 있고, 반대로 한 시간 동안 겪은 일을 1분 동안 겪은 일처럼 시간을 압축할 수도 있다.

또한 불면증에 시달리는 현대인들의 고민을 해결하기 위해 이 책에서는 잠을 '달리기하는 수면 소년'에 비유해 이야기하기도 한다. 사람들은 각자 한 명의 수면 소년을 데리고 있는데, 우리가 잠자는 동안, 남겨진 일은 그 수면 소년이 대신 완성할 것이다. 그 소년은 과연 우리가 잠들어 있는 동안 무슨 행동을 하는지 함께 그의 여정을 달려보며 좀 더 깊은 잠을 잘 수 있도록 응원해 볼 수도 있다.

저자는 죽음에 관해서도 일괄한다. 죽음은 누구에게나 두렵고 피하고 싶은 존재다. 그중 저승문 앞에 한 번 갔다 왔거나 주위 사람의 죽음을 겪은 사람들이라면 대부분 '부활'한 후에 인생의 질적인 변화를 새롭게 느끼고 완전한 새 삶을 살아간다. "당신을 죽이지 못한 일이 결국 당신을 크게 변화시킬 것이다."라고 말하는 이유도 여기에 있다. 그만큼 죽음이란 사람들을 '각성하게' 만든다.

이처럼 저자는 인간의 정서적 불안으로 인한 다양한 심리 상태와 이를 유발시키는 원인, 그리고 이를 치유하기 위한 방법을 모색하며 보다 안정적인 삶을 찾아가는 통로를 선사한다.

원인을 알 수 없는 다양한 심리의 변화와 정신적 고통은 이제 몇몇의 소수에게서만 일어나는 일이 아니다. 적극적으로 나서서 내 안의 상처를 찾아내 치료해야 한다.

물론 내 마음의 깊은 병을 찾아내는 일은 쉽지 않다. 들여다보려 할수록 더 깊은 동굴을 찾아 침잠하려 하기 때문이다. 하지만 내 마음을 아프게 하는 원인은 다른 누구도 아닌 '나 자신'이다. 그러기에 마음의 상처를 보듬어 주는 일 또한 내가 해야 할 일이다.

이 일은 생각보다 어렵지 않다. 심오한 심리학이나 철학, 정신의학서를 파헤칠 필요도 없다. 책에는 수없이 많은 주변 인물들이 겪은 상처들을 보여주며 그에 맞는 자신의 진료 기록을 비교해 보라고 일러준다. 그리고 그들이 어떤 원인으로 병을 얻었고, 어떻게 치유되었는지 알려준다. 마치 마음의 주치의처럼 작은 진료실 속에 단둘이 앉아 마음속 고통을 고해성사하듯 일러바치라며 등을 두드린다.

그렇기에 우리는 이 책을 다 읽고 난 뒤에는 명의를 만난 기분이 들 것이다. 책은 아픈 곳을 정확하게 짚어 연고를 바르고 드레싱까지 완벽하게 끝낸 나만의 주치의가 될 것이다.

차례

3장

잠을 잘 수 없는 극강의 고통 _수면 장애

4장

아홉 단계를 오르내리는 오묘한 궁전 _최면

5장

죽음, 생을 찬양하는 최고의 순간 _호스피스

'세상에 우연한 일은 없으며, 단지 우연을 가장한 일만 있을 뿐이다.'
한마디로 모든 일에는 다 그만한 이유가 있다는 말이다.
말실수를 하거나 지각을 하거나 물건을 깨뜨리는 등의
작은 실수 역시 각각 그만한 이유가 있는데, 실수를 부르는 결정적 단서와
그 다양성은 모두 '잠재의식의 표현'이라 할 수 있다.

1장

예측할 수 없는 심리의 고수高手, 잠재의식

정신분석학의 대가인 프로이트는 잠재의식의 존재를 한눈에 알아보았다. 그의 연구 덕분에 우리는 잠재의식의 존재를 확실히 기억하게 되었다. 프로이트는 인간의 심리를 의식意識, 전의식前意識, 잠재의식潛在意識 이렇게 세 부분으로 나누었다.

'의식'이란 바로 지금 사람들이 인식하는 모든 사상과 감정, 지각을 말한다. 지금 무엇을 느끼고 무슨 생각을 하든지 간에 그것들은 모두 의식의 범위 안에 있는데, 그중 일부분만이 우리에게 유용하다.

'전의식'은 의식과 달리 필요할 때마다 언제든지 불러올 수 있으며, 쉽게 꺼내올 수 있는 자신의 기억과 생각을 가리킨다. 예를 들어 '어제 어떤 옷을 입었는가?', '초등학교 6학년 때 가장 친했던 친구의 이름은 무엇인가?', '어머니에 대한 첫 번째 기억은 무엇인가?'와 같은 정보들은 모두 전의식 속에 저장되어 있다.

'잠재의식'은 '어느 순간 나타났다가 흔적 없이 사라지는 신비한 영역'이다. 잠재의식은 여태껏 사람들이 크게 의식하지 않아도 웃고 떠드는 사이에 모든 것을 해결하기도 한다. 그래서 비교할 수 없을 만큼 심오하고 예측할 수 없을 만큼 신비로운 '고수高手'이자, 인간의 심리 가운데 가장 주된 부분이라 볼 수 있다. 뭐라고 하면 좋을까. 만약 세 가지 의식을 비율로 따진다면, 의식과 전의식이 차지하는 비율은 5%에 불과하고 나머지 95%가 모두 잠재의식이다.

'잠재의식의 등장'이라 쓰고
'실수'라고 읽는다

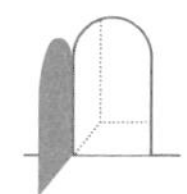

> '한 사람이 이 세상을 그리겠다고 작정을 했네.
> 오랜 세월 동안 여러 도시, 나라, 산과 강, 항구, 선박, 섬, 물고기, 집, 물건들, 별, 말, 남녀를 그렸네. 하지만 죽을 때가 다가오자 그는 문득 깨달았네.
> 자신이 그토록 힘들게 그려온 그 선들의 미로가 놀랍게도 자신의 모습들이 합쳐진 것이었음을.'
>
> \- 아르헨티나 시인, 보르헤스

결국 '그'가 보았던 세상은 그 자신이었다. 그리고 그 자신은 자신의 내면 속에 깊숙이 침잠해 있었던 또 '하나의 나'였다.

아르헨티나의 유명한 시인 보르헤스는 인간의 깊은 심연 속에 우리도 알지 못하는 의식이 있다는 것을 이렇게 아름다운 시로 표현했다. 우리는 그것을 '잠재의식'이라고 부른다.

다음의 그림은 그 유명한 빙산의 일각이다.

수면 위로 보이는 빙산은 '의식'을 나타낸다. 그리고 수면 바로 아래, 우리가 눈으로 볼 수 있는 부분이 '전의식', 그보다 더 깊은 곳, 보이지 않는 부분이 바로 '잠재의식'이다.

잠재의식은 필름을 인화하는 암실과 같다. 겉으로 드러나는 개개인의 삶의 모습은 모두 이 부분에서 인화되어 나온다. 그래서 지금의 나를 만드는 것은 나의 이름, 직업, 옷차림, 부모나 이웃, 혹은 당신이 몰고 다니는 자동차가 아니라 바로 '잠재의식'인 것이다.

그것은 처음엔 아주 미미한 정도로 영향을 끼치지만, 자신의 삶 속에 조금씩 조금씩 잠식해 결국 실제 생활 속 나를 잠재의식 속의 나와 똑같이 만든다.

잠재의식이 가진 어마어마한 분량의 정보와 고도로 복잡한 내용들은 평범한 사람들이 상상할 수도 없을 정도다. 한마디로 표현해서 의식을 '아주 얕은 재치'라고 한다면, 잠재의식은 '크고 심오한 지혜'라고 할 수 있다. 게다가 잠재의식 속에는 의식과 전의식이 도저히 받아들일 수 없는 것들도 많이 숨겨져 있는데, 그중에는 끔찍한 죄악이나 도덕 윤리를 배반하는 행동, 혹은 참혹하기 그지없는 비극이나 이성의 상실도 있다. 그것을 '의식'이 알게 되면 아마 미쳐버리거나 조증에 걸려 완전히 붕괴될지도 모른다. 그런 '의식'에게 '잠재의식'이 한마디 해 준다면 그건 어쩌면 "요 녀석아, 넌 너무 순진해!"쯤 되지 않을까.

잠재의식은 우리 삶의 온갖 '극악무도'한 것들을 혼자 감당하면서 우리의 의식이 정상적으로 보이는 척해 준다. 그런 측면에서 본다면 잠재의식이 의식을 보호한다는 사실은 두말할 필요도 없다. 우리가 사는 사회는 자신의 성적 본능이나 공격성을 거침없이 표현하면 물의를 일으킬지 모르기 때문에 애초부터 그것이 의식의 영역으로 들어오지 못하게 차단한다. 가령 자기 부모를 미워하는 아이는 속으로 부모가 죽길 바랄 수도 있다. 하지만 그것은 아이가 견디기 힘들 만큼 끔찍한 일이므로, 그런 생각이 의식의 영역에 들어오지 않도록 잠재의식이 막아주는 것이다.

다행히도 우리는 평상시에 시도 때도 없이 잠재의식이라는 강력한 '내부의 힘'의 영향을 받지는 않는다. 잠재의식과 유일하게 연결되는 때는 아마도 꿈을 꾸거나 최면에 걸렸을 때일 것이다.

그런데 이런 의문이 든다. 과연 잠재의식은 자신의 '능력'으로 기꺼이 침묵할 수 있을까? 편안하게 마음 깊숙한 곳에서 꼼짝하지 않고 얌전히 겨울잠을 잘 수 있을까?

정답은 당연히 '그렇지 않다'이다. 못 믿겠다면, 잠재의식이 아무도 모르게 밖으로 나와서 남긴 흔적들을 몇 가지 살펴보자.

'잠재의식의 등장'이라 쓰고 '실수'라고 읽는다

일상생활에서 우리는 종종 방심하는 사이에 잘못을 저지르게 된다. 예컨대 말실수를 하거나 오타를 쓰기도 하고, 글을 잘못 읽거나 다른 사람의 말을 못 알아듣기도 한다. 대개 이런 실수를 하면 조금 부끄럽기는 해도 따로 언급하지 않고 재시도한다. 아니면 여러 가지 이유를 대며 변명한다.

A. 좀 피곤하거나 불편했기 때문이다.

B. 너무 흥분해서 상황 파악을 못했기 때문이다.

C. 신경 써야 할 것이 너무 많아서 딴생각을 했기 때문이다.

우리는 너무나 익숙한 일을 할 때 크게 집중하지 않아도 별 실수 없이 그 일을 해낼 수 있다. 가령 산책을 하는 사람은 방향을 잃어버릴까 봐 걱정하며 걷지 않아도 기분 좋게 목적지에 도착한다. 연습을 많이 한 피아니스트는 머릿속으로 악보를 생각하지 않아도 손가락이 저절로 움직이며 정확하게 건반을 두드려 환상적인 연주를 해낸다. 그러므로 신경 써야 할 것이 많아서 딴생각을 하다가 실수를 한다는 말은 변명거리가 되지 않는다.

이와는 반대로, 꼭 성공하고 싶은 마음에 모든 주의력을 다 끌어모아 집중하다가 오히려 실수를 하는 경우도 많다. 그럴 때 사람들은 대부분 '너무 흥분해서'라고 하지만 흥분한 마음을 더욱 집중하는 데 쏟아부으면 원하던 목적을 이루지 못할 이유는 없다. 그리고 사람들은 피곤하거나 흥분되거나 딴생각을 하지 않는 상태에서도 종종 실수를 한다.

그러니 위의 세 가지 변명은 그야말로 '핑곗거리'에 불과하다. '세상에 우연한 일은 없으며, 단지 우연을 가장한 일만 있을 뿐이다.' 한마디로 모든 일에는 다 그만한 이유가 있다는 말이다. 말실수를 하거나 지각을 하거나 물건을 깨뜨리는 등의 작은 실수 역시 각각 그만한 이유가 있는데, 실수를 부르는 결정적 단서와 그 다양성은 모두 '잠재의식의 표현'이라 할 수 있다.

어떤 이가 'Frank'라는 사람의 이름을 부르면서 'Fag'라고 잘못 말했다. 'Fag'라는 단어는 '게이'를 나쁘게 부르는 말이다. 이것은 그의 마음속에 잠재되어 있던 동성애에 대한 경멸감이 자신도 모르게 드러난 것이다.

이와 같은 경우는 또 있다. 어떤 해부학 교수는 비강鼻腔의 구조에 대한 강연을 끝낸 후 청중들에게 자신의 강의를 이해할 수 있겠느냐고 물었다. 그는 청중들에게 긍정적인 대답을 들은 후, 안도의 한숨을 내쉬며 이렇게 말했다.

"솔직히 말하면 반신반의했어요. 대도시에 와서 강연을 하고는 있지만, 비강의 구조를 제대로 이해할 수 있는 사람은 한 손가락을 꼽을 정도… 아니, 몇 손가락을 꼽을 정도라고 생각했거든요."

사실 그가 정말 하고 싶었던 말은 비강의 구조에 대해 잘 아는 사람은 '오직 나 하나뿐'이라는 말이었을 것이다. 또 어떤 사람은 하나의 사안에 반대의견을 제시하면서 이렇게 말했다.

"사실 그 일들은 너무나 노열적이며…."

그가 정작 하고 싶었던 말은 '그 일들은 너무나 노골적이고 비열하며'였지만, 실수로 '노열적'이란 말을 만들어낸 것이다.

사라졌다 또렷이 나타나는 기억

대학교수인 카터는 1992년 어느 날, 누나에게서 한 통의 전화를 받았다. 누나는 카터가 어렸을 때 활동했던 소년합창단에 조카가 입단하게 되었다는 소식을 전해 주었다. 카터는 합창단 후배가 된 조카 소식에 무척 기뻤지만, 한편으로는 왠지 모르게 마음 한구석이 답답해졌다. 그런데 그 후 몇 주가 지나도록 카터는 계속 불안하고 초조해지기만 했다. 괜스레 아내에게 화를 내는 일이 많아졌고, 그 바람에 부부 사이도 상당히 나빠졌다. 하지만 그 원인이 누나와의 전화통화에 있으리라고는 전혀 생각하지 못했다.

그러다 얼마 후 카터는 문득 한 남자가 어렴풋이 생각났는데, 바로 어린 카터가 합창단에 있을 때 그곳에서 일했던 파머라는 관리 직원이었다. 카터는 10살부터 13살 때까지 합창단 활동을 했었다. 38살인 카터에게는 이미 25년이나 지난 일이지만 파머와 관련된 일이 한 가지 급작스레 선명하게 떠올랐다.

카터가 합창단에 있을 당시 어느 날 밤 파머는 어린 카터가 자고 있던 숙소에 들어와 그의 침대 옆에 조용히 앉았다. 그러더니 카터의 가슴과 배를 만지기 시작했고, 나중에는 카터의 속옷 안에도 손을 집어넣었다. 그 일은 카터의 기억 속에 25년이나 봉

인되어 있었다.

그는 늦었지만 성추행 증거를 모으기 위해 사립탐정을 고용했고, 그 결과 놀라운 사실을 알게 되었다. 파머는 이미 오래전에 그 합창단에서 쫓겨났는데, 합창단 아이들과 '지나치게 가까이 지냈다'는 것이 그 이유였다고 한다. 그리고 당시 파머에게 몹쓸 짓을 당한 사람은 카터 외에도 118명이나 더 있었다. 그러나 그들도 그 일을 입 밖에 내지 않았다. 여러 정황으로 미루어 볼 때, 카터는 자신의 희미한 기억이 실제로 있었던 일이라는 확신이 생겼다. 그래서 파머와 직접 이야기해 보기로 했다.

그가 파머에게 전화를 걸자, 파머는 단번에 카터를 기억해내고는 이렇게 물었다. "그래, 내가 널 위해 무얼 해 줄까?" 그러자 카터가 말했다. "말해 봐요. 그때 당신이 나뿐만 아니라 다른 남자아이들에게 한 짓에 대해 양심의 가책을 느끼는지 말이요." 파머는 그날 밤 카터를 성추행했고 다른 아이에게도 똑같은 짓을 했다는 사실을 모두 다 시인했다. 그리고 그런 일이 엄청난 범죄라는 사실도 알고 있다고 말했다. 그들은 거의 1시간가량 이야기를 나누었는데, 카터는 그 통화 내용을 모조리 녹음해 두었다. 그 후 카터는 파머를 고소했고, 파머는 감옥에서 자신의 죗값을 치러야 했다.

사람들은 의문을 가질 것이다. 성범죄처럼 엄청난 상처를 받은 일이 잊히는 것이 과연 가능할까? 그리고 오랫동안 잊고 있었던 기억이 한 통의 전화처럼 우연한 계기로 다시 뇌리에 떠오를 수 있을까? 게다가 갑작스레 되돌아온 과거의 기억이 여전히 현재에도 우울함이나 초조, 불안 등과 같은 정서적 고통을 일으킬까? 자신조차 그 일의 자초지종을 정확히 모르는데 말이다. 이 모든 문제의 답은 바로 '잠재의식'을 통해 설명할 수 있다.

앞서 말한 것처럼 의식은 마주하고 싶지 않거나 감당하기 힘든 일들을 잠재의식으로 모두 '이양移讓'한다. 그래서 의식의 세계는 아무런 문제도 없고, 바람조차 없이 잔잔하다. 하지만 의식의 바로 아래에는 거친 파도가 용솟음치는 '잠재의식의 세계'가 존재한다.

하지만 잠재의식에 이양하는 것도 한계가 있다. 잠재의식 속에 '암울한 것'이 너무 많이 쌓이면 동요가 심해져서 의식의 영역까지 영향을 받게 되는데 그 영향으로 여러 부정적인 감정과 심리적 질병이 표출되는 것이다. 즉, 심리적 질병의 근본 원인은 모두 잠재의식에서 발생했다고 볼 수 있다.

카터의 사례로 되돌아가 보자. 멀쩡한 기억이 아무 이유 없이 사라졌다가 세월이 지난 후에 다시 떠오르게 된 것은 바로 잠재의식이 꾸민 '걸작'이라고 할 수 있다. 잠재의식은 어린 시절에 참기 힘들 만큼 고통스러웠던 카터의 기억을 억눌러 의식 영역에 나타나지 못하게 한 것이다.

다음의 사례도 마찬가지다. J는 한 아가씨를 사랑했다. 하지만 안타깝게도 그의 프러포즈는 성공하지 못했다. 그런데 얼마 후 그 아가씨는 Y라는 사람과 결혼했다. Y는 J도 이미 오래전부터 알고 지낸 사람으로 사업적인 거래를 한 적도 많았다. 하지만 J는 이상하리만큼 Y의 이름을 똑바로 기억하지 못했다. 그래서 Y에게 무언가 볼 일이 생길 때마다 다른 사람에게 Y의 이름을 물어볼 정도였다. 아마 J의 잠재의식은 원수와도 같은 자신의 연적을 의식 속에서 지워버리고 싶었을지도 모른다. "그 사람은 생각하고 싶지도 않아!" 하면서 말이다.

보이지 않지만 보게 하는 잠재의식의 힘

T는 여러 해 전에 머리에 총상을 입었지만 다행히 살아남았다. 그가 부상을 전혀 입지 않은 것은 아니다. 총알은 그에게 아주 이상하고도 특별한 선물을 남겼는데, 그것은 완벽한 시각체계, 그리고 또 그만큼 완벽하게 파괴된 시각피질visual cortex(대뇌피

질 내에서 직접 시각 정보처리에 관여하는 후두엽에 있는 영역)이었다. 간단히 말해서 T의 시각 전단부의 접수 장치인 눈은 문제가 없어서 시각적 정보를 받아들일 수 있으나, 시각 후단부 체계는 완전히 붕괴되어 눈으로 받아들인 정보를 처리하고 분석할 수 없었다. 좀 더 간단히 말하면 '눈뜬장님'이었다.

어떻게 이런 일이 가능할까? 그것은 총알과 관련이 있다. 영화에서 머리에 총을 맞는 장면을 보면 다소 징그러운 모습이지만 머리 전체가 마치 폭탄을 맞은 것처럼 날아간다. 총알이 뇌척수액을 팝콘처럼 튀겨버리면서 한방의 위력으로 사살하는 것이다. 하지만 예전의 총알은 오늘날의 것과 달리 속도는 느려도 파괴력이 응집되어 있어서, 총알이 대뇌를 뚫고 지나가면 깔끔하게 구멍이 생기고 주위의 다른 조직에는 별다른 영향을 주지 않는다. 그래서 총상을 입은 부상자 중에는 뇌에 도넛 형태의 구멍은 났더라도 운 좋게 살아남은 사람도 있다. 그가 바로 보고 있으나 볼 수 없는 '눈뜬장님'이 된 T라는 인물이다.

여기서 잠깐 다른 이야기를 하나 하자면, 인간의 다양한 모습 중에 '얼굴'은 특수한 역할을 맡고 있다. 일반적으로 남자들이 제일 먼저 보는 것은 여자의 얼굴이 아닌 몸매다. 그런데 왜 그리스 신화에서는 헬레네에 대해 묘사를 할 때도 '한 번 돌아보면 성(城)이 기울고, 두 번 돌아보면 나라가 기울만 한 가슴'이라고 묘사하지 않고 '한 번 돌아보면 성이 기울고, 두 번 돌아보면 나라가 기울만 한 얼굴'이라고 묘사했을까? 아무리 남자가 여자 몸에 눈이 돌아가고 여자는 남자의 근육에 열광하더라도, 인류의 대뇌 속에는 팔뚝 이두근이나 엉덩이 곡선에 대해 전문적으로 분석해 주는 장치는 없다. 하지만 전문적으로 얼굴을 분석해 주는 장치인 방추모양의 얼굴 영역fusiform face area. FFA은 있다. 우리의 대뇌가 유독 얼굴에게 베푸는 특별대우를 설명하기 위해서는 아래의 미국 오바마 대통령의 사진을 살펴보자.

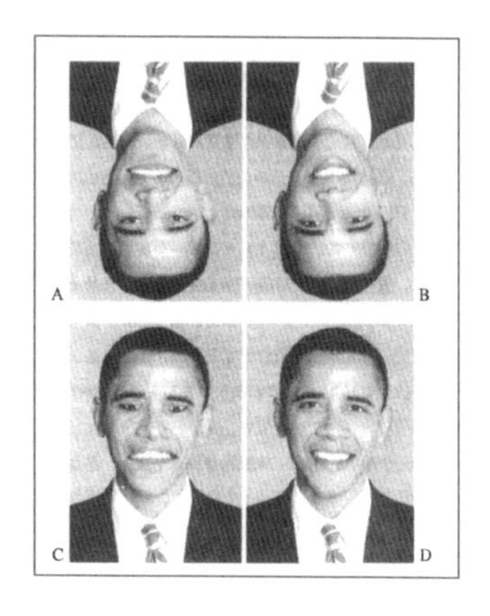

4개의 사진 중에서 사진 C는 왜곡되어 보이지만, 사진 A는 특별히 이상해 보이지 않는다. 사실 A-B와 C-D는 위아래가 똑같은 사진이다. 못 믿겠다면 책을 180도로 돌려서 확인하면 된다.

그런데 왜 똑같은 사진을 뒤집어만 놓았는데 이렇게 왜곡되어 보이는 걸까? 그것은 대뇌가 '얼굴'에 너무 많은 애정을 쏟은 나머지 얼굴 정면의 왜곡을 지나치게 잘 발견하기 때문이다. 사진 A는 대뇌가 보기에 그다지 '얼굴' 같지 않아서 그냥 무시되었다.

통상적으로 우리는 사람의 얼굴을 보면서 그가 기쁜지 괴로운지, 만족하는지 아니면 불만족스러운지, 또 우호적인지 위험한지를 판단한다. 그래서 얼굴 표정은 인간 소통의 관건이라고 할 수 있다. 게다가 돌발적으로 생긴 일에 대한 감정은 우리의 얼굴 표정에 거짓 없이 반영되며, 이를 차단하거나 위조하기 힘들다. '기쁨이나 슬픔을 전혀 내색하지 않는다'라는 말은 단지 전체적인 것, 즉 넓은 의미에서의 표정을 감춘다는 말이지, 미세한 표정들은 어쨌든 속마음을 그대로 들킬 수밖에 없는 운명이다. 이 때문에 미세한 표정을 전문적으로 연구하여 인간의 마음을 통찰하려는 미세표정micro-expressions 심리학도 생겨났다. 이것 또한 인간의 표정이 잠재의식의 통제를 상당 부분 받는다는 사실을 설명해 준다.

왜 갑자기 '눈뜬장님'인 T의 이야기를 하다가 사람의 '얼굴'을 분석하기 시작했는지 궁금할 것이다. 아래의 실험 결과를 보자.

T에게 단체 사진 한 장을 보여주고, 그중 즐거워하고 있는 사

람과 슬퍼 보이는 사람을 구별해 보라고 지시했다. 사실 이 실험은 조금 황당하게 느껴질 수 있을 것이다. 우리는 T가 시각 후단부의 분석 시스템이 완전히 파괴되어 어떤 물건을 '보더라도' 무엇을 보고 있는지는 '모른다'는 사실을 알기 때문이다.

그렇지만 실험 결과는 우리의 예상을 크게 뒤엎었다. '눈뜬장님'인 T는 $\frac{2}{3}$나 되는 사람의 얼굴 표정을 정확히 구별했다. 비록 그의 의식(시각은 의식의 범주에 속한다)은 일을 하지 않지만, 잠재의식이 관장하는 그의 FFA는 여전히 이미지를 정상적으로 받아들이고 이를 분석했던 것이다. 그래서 T는 자신도 모르게 그들의 얼굴을 식별할 수 있었다.

몇 달 뒤, 또 다른 연구원이 T에게 찾아와 새로운 실험에 참여해달라고 부탁했다. 일반적으로 사람은 누구나 땅바닥에 누워있는 고양이를 밟을 것 같으면 무의식적으로 몸을 움직여 급히 비켜나는데, 이처럼 자연스러운 행동은 잠재의식이 주도하는 것이다. 연구원이 T에게 제안한 실험도 이와 관계가 있다.

그들은 T가 온갖 물건이 놓여있는 복도를 지팡이의 도움을 받지 않고 지나가는 상황을 관찰하고 싶다고 말했다. 처음에 T는 "지금 나 같은 장님에게 장난이라도 치려는 거요?"라는 반응을 보이며 그 실험에 참여하고 싶어 하지 않았다. 하지만 연구원은 몇 번이고 T를 설득했고 결국 그의 동의를 얻어냈다. 그런데 실험 결과, T 본인은 물론이고 누구나 깜짝 놀랄 만한 의외의 상황이 벌어졌다. 뜻밖에도 그는 쓰레기통, 폐신문지 뭉치와 박스 몇 개를 잘 피해가며 무사히 복도를 통과했다. 한 번도 넘어지지 않았을 뿐 아니라 어떠한 물건과도 부딪치지 않았다. 어떻게 그 일을 해냈는지 T 자신도 도저히 이해하기 어려웠다.

T처럼 시각 감지 능력이 전혀 없는 사람이라도 오히려 눈으로 받아들인 시각 신호에 반응할 수 있는데, 그것을 일컬어 '맹시Blindsight'라고 한다. '맹시'란 참으로 기이한 질병이지만, 우리의 대뇌 가운데는 '의식'을 제외하고 '잠재의식'이라는 독립적인 운행 시스템도 있다는 사실을 확실하게 가르쳐주었다.

또 하나의 독특한 맹시 사례를 들어보겠다. 이 이야기가 내포하는 것을 여러분도 느끼길 바란다. 이것은 W의 이야기다.

몇 년 전, 나와 아내 사이에는 수많은 오해가 있었다. 아내가 내게 특별한 악의는 없다는 것을 알고 있었지만, 차갑게 느껴질 때가 많았다. 그렇게 우리는 정도 없고 사랑도 없는 하루하루를 보냈다. 그러던 어느 날, 외출하고 돌아온 아내는 내가 좋아할 것 같아서 샀다며 책 한 권을 건네주었다. 나는 그녀의 '관심'에 고마워하며 잘 읽겠다고 대답했으나, 어쩌다 보니 그 책을 한쪽으로 치워놓고 까맣게 잊어버렸다. 나중에 우연히 생각났을 때는 이미 그 책이 어디 있는지 찾을 수가 없었다.

그 후 6개월이 지났을 무렵, 어머니가 갑자기 편찮으셔서 아내가 어머니를 전적으로 간호하게 되었다. 그때 나는 예전에는 미처 깨닫지 못했던 그녀의 아름다운 성품을 보게 되었고, 날이 갈수록 그녀에 대한 감정도 새록새록 깊어졌다. 그러던 어느 날 저녁, 집에 돌아온 나는 아내가 참으로 고마운 사람이라는 생각을 하며 무의식적으로 책상 근처로 다가갔다. 그리고 정말 별생각 없이, 그렇지만 왠지 모를 확신이 들어 잘 열어보지도 않던 책상 서랍을 열었는데, 서랍 맨 위에는 그토록 찾아도 찾을 수 없었던 아내가 선물한 책이 놓여있었다.

느꼈는가? 바로 이것이 잠재의식의 놀라운 힘이다!

의식이 어지른 방을, 깨끗이 청소하는 잠재의식

잠재의식은 때때로 의식을 대신하여 감각기관의 데이터를 해석할 뿐만 아니라, 이를 업그레이드하거나 수정한다. 감각기관이 전송하는 데이터의 질이 그다지 좋지 않아서, 그것을 잘 정리해야 제대로 사용할 수 있기 때문이다. 예를 들어 망막 위에는 '맹점盲點'이라고 불리는 곳이 있는데, 어떤 물체의 영상이 맹점에 떨어지면 우리는 그 물체를 눈앞에 빤히 두고도 볼 수 없다.

흔히 바로 코앞에 두고도 물건을 찾을 수 없을 때가 있는데 바로 이런 경우이다.

정상적인 상태에서는 맹점을 느낄 수 없다. 대뇌는 맹점 주위에서 얻은 데이터를 근거로 맹점이 보지 못한 부분을 스스로 채워 넣기 때문이다. 맹점의 존재를 직접 경험하고 싶다면, 아래와 같이 맹점을 발견할 수 있는 상황을 인위적으로 만들면 된다.

우선 책과 약 33㎝ 정도의 간격을 두고, 오른쪽 눈을 감거나 물건으로 가린 뒤에 왼쪽 눈으로 아래 그림 속 숫자 1을 보자. 그러면 시야 끝부분에는 왼쪽에 그려져 있는 '찡그린 얼굴'이 보일 것이다. 그 상태에서 머리를 움직이지 않고 계속에서 왼쪽 눈으로 1에서 9까지 조금씩 시선을 움직이면, 놀랍게도 '찡그린 얼굴'이 당신의 맹점에 빠져 대략 숫자 4를 볼 때쯤 사라졌다가 숫자 6을 볼 때 다시 나타난다는 사실을 알 수 있다.

☹	9 8 7 6 5 4 3 2 1

맹점의 존재를 보완하기 위해서 사람의 눈동자는 매초 아주 미세하게 움직인다. 그런 눈의 활동을 '미소안운동microsaccades('미세획보기운동'이라고도 함. -옮긴이)'이라고 한다. 이것은 아마 인간의 신체에서 일어나는 가장 빠른 운동일 것이다. 속도가 워낙

빨라서 특수 기기의 도움을 받지 않으면 관찰할 수 없을 정도다. 어쩌면 당신이 이 글을 읽을 때도, 눈은 글자를 중심으로 끊임없이 미소안운동을 하고 있을 것이다. 또 누군가와 대화할 때도 당신의 시선은 상대방의 얼굴 안에서 이리저리 쉴 새 없이 움직이고 있을 것이다. 그만큼 눈동자를 제어하는 6개의 근육은 우리 몸에서 가장 피곤한 조직이라고 할 수 있다. 하루에도 무려 10만 번이나 운동하기 때문이다.

우리의 눈이 만약 간단한 기능을 가진 비디오카메라라면, 쉬지 않고 영상을 획획 둘러보기 때문에 일종의 과부하가 걸려 몸체가 떨릴 것이다. 그런 상태에서 영상을 녹화하면 보기 힘들 정도로 흐리게 찍힐 수 있다. 그러나 우리의 대뇌, 구체적으로 말해 우리의 잠재의식은 그러한 영상을 편집하고 조정해서, 피로한 눈 때문에 발생하는 화면 떨림을 보완해 준다.

눈이 데이터를 전달할 때 발생하는 문제는 하나 더 있다. 바로 '주변시peripheral vision'다. 팔을 곧게 뻗어 엄지손가락의 손톱을 쳐다보면 손톱 혹은 손톱 바로 옆 부분만 또렷하게 보이고, 그 외의 부분은 흐릿하게 보인다. 이런 현상 때문에 손톱 주변의 시각 해상도는 아무리 좋은 시력을 가진 사람이라고 할지라도 심각한 근시 환자가 보는 화면과 별반 다를 게 없다.

한 가지 실험을 더 해 보자. 아래 그림을 1m 이상 떨어진 상태로 첫 번째 줄 중간에 있는 별표*를 보자. 그런 다음 시선을 계속해서 별표에 고정시키고 A와 F를 보면 잘 보일 것이다. 하지만 그 옆에 있는 E를 보기는 조금 힘들고 그 옆의 알파벳은 더 알아보기 힘들다.

두 번째 줄과 세 번째 줄도 마찬가지로 테스트하면, 글자가 커져서 보기에 조금 수월하기도 하지만 별표에 시선을 고정시킨 상태에서는 모든 알파벳을 뚜렷하게 볼 수 없다. 이것이 바로 주변시가 만들어낸 효과이다.

PZLEFA*AFEQCA

GCDEFA*AFEZPO

PGLEFA*AFEDCR

이 같은 맹점, 미소안운동, 그리고 형편없는 주변시는 심각한 문제를 야기할 수도 있다. 예를 들어 당신이 상사의 얼굴을 볼 때 흐릿하거나 흔들려 보일 수도 있고, 얼굴 정중앙에 블랙홀이 있는 것처럼 아무것도 안 보이는 상사의 모습을 대뇌에 전달할지도 모른다.

하지만 우리는 왜 이런 끔찍한 상황을 전혀 겪지 않고 살아갈까? 바로 잠재의식이 이렇게 손상된 데이터들을 자동적으로 처리하기 때문이다. 잠재의식은 두 눈이 받아들인 데이터를 합치고, 흔들려서 생긴 결함들을 제거하며, 근처의 데이터를 이용하여 맹점 때문에 생긴 공백을 메운다. 그 결과 의식이 받아들인 아래의 오른쪽 화면을 잠재의식이 열심히 가공해 왼쪽 화면처럼 제공하는 것이다. 이것이 바로 인간이 가진 '잠재의식의 힘'이다.

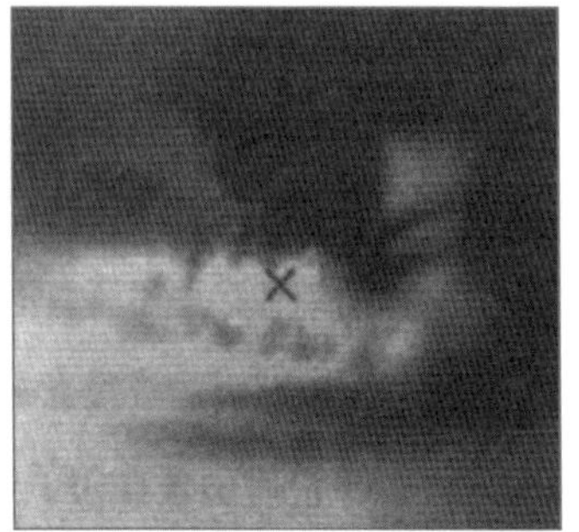

잠재의식,
네가 없으면 우리는 어떡해

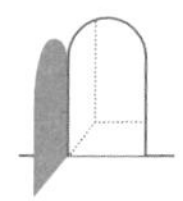

이처럼 잠재의식이 우리 생활 곳곳에서 신기한 모습을 드러낸다는 사실을 알았다면, 이제부터는 무척 대담한 가설을 하나 세워보겠다. 만약 잠에서 깨어났을 때 모든 잠재의식이 감쪽같이 사라지고 없다면 과연 무슨 일이 벌어질까?

어쩌면 당신은 침대에서 일어나기도 전에 몸이 예전 같지 않음을 느낄 것이다. 인간에게는 고유 수용성 감각proprioception이라는 것이 있다. 이것은 팔다리의 위치를 감지하는 '제6감sixth sense'이라고도 하는데, 시시각각 우리 몸의 감각을 감시하고 근육과 관절이 피드백해 주는 정보를 받아들여서 자기 몸의 위치를 알고 신체에 균형감각을 제공해 편안한 상태를 유지해 준다. 가령 우리가 왼팔을 들어 올리면 자연스럽게 신체의 중심을 오른편으로 옮겨 균형을 잡는다. 그렇게 하지 않으면 한쪽으로 쓰러질 위험이 있기 때문이다.

이처럼 고유 수용성 감각은 대단히 중요하지만, 평소에 우리는 그것을 진지하게 생각하거나 관심을 가지지 않은 채 아무렇지도 않게 자리에서 일어나거나 눈을 감기도 하고 평행을 유지한다. 그러다가 정작 그 감각을 잃어버리고 난 뒤에야 이 세상에 그것을 대신할 것은 없다는 사실을 깨닫는다. 마치 Q의 상황처럼 말이다.

Q는 19살에 신경을 다쳐 '고유 수용성 감각'을 완전히 잃어버렸다. 그 후 그는 『오즈의 마법사』에 나오는 막대기 없는 허수아비처럼 팔다리가 제멋대로 뒤엉키고 바닥에서 흐느적거려서 일어나고 싶어도 일어날 수가 없었다. 모든 신경을 팔과 다리에 집중하면 그나마 움직임을 제어할 수 있지만, 조금만 집중력이 흐트러져도 손발이 아무렇게나 움직였다. 그래도 Q는 용기를 잃지 않고 무의식의 고유 수용성 감각을 의식의 주의력으로 대신하려고 노력했고, 자기 몸을 제어하는 법을 꾸준히 익혀나갔다. 그는 정신을 온몸에 집중시킨 상태로 길을 걷거나 옷을 입었고, 심지어 자동차 운전 연습도 시작했다. 그러나 이 모든 노력은 자

신의 몸을 자신의 눈으로 보지 못하면 곧바로 무용지물이 되었다.

하루는 그가 주방에 서 있었는데 갑자기 정전이 되었다. 사방이 칠흑같이 어두워지자, 그의 몸도 마치 '정전'이 된 것처럼 그대로 바닥에 쓰러졌다. 그는 자신의 신체를 보지 않고서는 자기 뜻대로 팔다리를 움직일 방도가 없었기 때문이다.

앞서 말했듯이 잠재의식은 감각기관이 전달하는 데이터를 해석하고 이를 보완한다. 여태껏 '의식'의 존재만을 대단하다고 느꼈을 당신에게 톡 까놓고 이야기하자면, 오늘 당신이 보았던 빛과 들었던 소리, 느꼈던 온도 모두 잠재의식의 처리 과정을 거쳐야 실제 모습 그대로 표현되는 것이다. 만약 잠재의식이 사라지면 세상은 의미를 가진 3차원 입체 영상의 조합이 아니라, 화소와 색이 엉망으로 뒤죽박죽된 상태로 보일 것이다. 그렇게 되면 대뇌에서 잠재의식이 사라졌을 때 벌어질 일을 상상하는 것은 아무런 의미가 없다. 의식이 기댈 곳은 잠재의식의 활동뿐인데, 잠재의식이 없으면 아예 아무것도 의식할 수 없기 때문이다. 비유를 들어 설명하자면 소프트웨어나 하드웨어 같은 운영체계가 들어있지 않아서 모니터에 아무것도 뜨지 않는 깡통 컴퓨터와 다를 바 없다.

만약 잠재의식이 없는 K라는 여성이 텔레비전에서 이런 뉴스를 보았다고 가정해 보자.

"소개팅을 하러 나온 남자가 늑대 발톱을 드러내어, 처음 보는 자리에서 상대방 여자를 성폭행했습니다."

이런 뉴스를 접하면 당신은 일일이 머릿속의 사전을 찾지 않아도 듣는 즉시 말의 의미를 이해하기 때문에 애써 생각할 필요가 없다. 그것은 잠재의식이 이미 머릿속에서 당신이 모르는 사이에 열심히 데이터를 처리해 준 덕분이다. 그러나 잠재의식이 없는 K는 머릿속의 사전을 폭풍처럼 빠르게 검색할 능력이 없어서, 한 단어 한 단어 무슨 뜻인지 생각해 봐야 한다. 사실 사전을 찾는다고 해도 잠재의식이 없이는 읽을 수 있을지조차 의문스럽다. 아무튼 이야기를 조금 더 진행하기 위해 일단 그 일은 할 수 있다고 해 두자.

'소개팅을 하러 나온 남자가 늑대 발톱을 드러내어'라는 말을 들으면, 당신은 그 맞선남이 틀림없이 원래부터 여자를 밝히는 색마이자 역겨운 건달일 것이라 짐작한다. 진짜 늑대의 발톱을 가지고 있다가 내밀었다든지, 혹은 그 남자가 야외로 늑대를 잡으러 가서 발톱을 잘라 왔다는 뜻으로 생각하지 않는다. 그러나 불쌍한 K는 각각의 단어가 가진 여러 개의 뜻을 일일이 파악해, 그 뜻을 짜 맞추느라 바쁘다. 그녀가 아직 첫 번째 기사의 의미도 파악하지 못했을 때, 아나운서가 두 번째 소식을 전한다.

"무더위가 남부지방의 여러 도시를 휩쓸었습니다."

이 말은 그녀를 더욱 곤혹스럽게 만들었다.

"뭐라고? 남부지방에 해일이 발생하려고 한다고?"

이 밖에도 잠재의식이 없는 K는 여러 방면에서 일을 진행하기가 어렵다. 만약 길을 걷다가 화물차와 부딪칠 것 같으면, 우리는 생각할 필요도 없이 위험을 감지하고 즉시 옆으로 피한다. 그러나 K는 당장 그 순간에는 갑작스럽게 다가오는 두려움을 느낄 수 없다. 그는 달려오는 트럭이 사람에게 가하는 상해를 인식하고 난 뒤에야 비로소 화들짝 놀랄 것이다. 그래서 트럭과 부딪히려고 하는 일촉즉발의 상황에 갑자기 노트북을 켜고 이런 상황이 초래하는 결과를 검색한 후에나 반응할 것이다.

마찬가지로 우리는 어떤 이성을 처음 만나면 그가 어떤 사람이고 어떤 일을 하며 인상이 좋은지 나쁜지를 파악하는 데 단 몇 초도 걸리지 않는다. 그러나 K는 그렇지 못하다. 그녀가 할 수 있는 일은 상대 남성의 특징을 일일이 수첩에 기록한 뒤 일부러 시간을 내어 그 특징을 근거로 각종 가능성을 다양하게 분석하는 일뿐이다.

자, 결론을 말해 보자. 잠재의식이 없다면 여러분은 지금 이 책을 읽을 수도, 아니 지금 이곳에 존재할 수도, 살아있을 수조차 없다는 것이다.

다른 듯 닮은 의식과 잠재의식의 환상적인 팀워크

이제 우리는 대뇌 속에 의식과 잠재의식이 한 쌍의 콩팥이나 양쪽 폐처럼 함께 존재하며 서로 보완적인 관계라는 사실을 알았다. 그러나 의식과 잠재의식의 관계는 콩팥이나 폐와는 다른 점이 있는데, 둘은 완전히 다른 존재로 각자 맡은 업무를 완수하고 책임도 따로 진다는 점이다. 차이점을 다음 4가지로 구분할 수 있다.

1. 잠재의식은 복합 시스템이고 의식은 단일 시스템이다.

이 차이점은 대뇌의 일부가 손상된 환자를 통해서도 알 수 있다. 대뇌의 각 영역은 잠재의식 각각의 기능을 대표한다. 그래서 대뇌의 어떤 부분이 손상되면 기억력에는 영향을 미칠 수 있지만 학습 능력에는 아무런 지장이 없을 수 있다. 또한 중풍 때문에 언어 능력은 손상되어도 다른 능력에는 영향이 없을 수 있다. 위에서 언급했던 Q도 대뇌의 어느 한 부분이 손상되어 고유 수용성 감각 기능을 잃었지만 잠재의식은 영향을 받지 않았다. 따라서 잠재의식은 '병렬 회로'에 비유할 수 있으며, 어떤 하나의 회로가 망가져도 다른 회로의 정상적인 운행에는 영향을 끼치지 않는다.

그렇다면 '의식'은 어떨까? 의식은 일종의 지각知覺으로 '관찰자'에 해당된다. 예를 들어 선생님의 새로운 헤어스타일, 내가 그린 그림에 대한 친구의 평가, 컴퓨터에서 나오는 음악 등을 보고 듣는 것 등이다. 이와 같은 외부 사물의 존재를 관찰하고 그것을 자신에게 설명해 준다.

또한 동시에 의식은 '지휘자'이기도 하다. 외재적 사물을 관찰하고 느낄 뿐만 아니라, 피드백 상황에 맞춰 몸과 마음을 주동적으로 제어하고 관리할 수 있다. 그래서 다중인격처럼 의식을 두 개 혹은 그 이상의 독립적인 체계로 나눌 수 있는 아주 특수한 상황을 제외하고, 절대 다수의 상황에서 의식은 단일 시스템을 갖고 있다. 그러므로 의식은 '직렬 회로'에 비유할 수 있다.

2. 잠재의식은 '곧바로 해결'하고, 의식은 '사후 다시 처리'한다.

사람은 잠재의식과 같은 일종의 '위험 탐지기'를 가지고 있어서, 의식이 알아차리기 전에 정보를 예측할 수 있다. 만약 주어진 정보가 위협적이라는 판단이 서면 곧바로 두렵다는 반응을 보인다. 그러나 이 세상에는 모든 것을 완벽하게 갖춘 존재란 없다. 잠재의식도 마찬가지여서, 분석 속도가 빠른 만큼 착오가 생기기 쉽다. 그럴 때 일을 '신중하게' 처리해 주는 시스템이 '의식'이다. 의식은 비록 잠재의식보다 느리지만 꼼꼼하게 주변 상황을 분석하여 정보를 제공하기 때문에, 분석 속도가 빨라서 생기는 잠재의식의 착오를 바로 잡을 수 있다.

어두운 길을 가다가 난데없이 길 중간에 놓인 가늘고 기다란 갈색 물체를 발견했다면, 첫 번째로 드는 생각은 '앗! 뱀이다!'일 것이다. 그러면 당신은 일단 가던 걸음을 멈추고 심호흡을 한다. 하지만 조금 더 다가가서 살펴본 후에 그것이 그냥 부러진 나뭇가지라는 사실을 깨달으면 그제야 안심하고 계속해서 길을 간다.

처음 가느다랗고 긴 물체를 뱀으로 보고 초보적인 판단을 한 것은 '잠재의식'이다. 그런 뒤 자세히 분석해 그저 나뭇가지에 불과하다는 걸 아는 것은 '의식'이다. 이처럼 의식과 잠재의식의 환상적인 협력은 우리를 안전하게 보살펴 준다.

3. 잠재의식은 '순간적으로 주목'하고, 의식은 '장기적으로 고려'한다.

비록 잠재의식이 순간적으로 문제를 파악하고 재빨리 반응할 수는 있지만, 내일 혹은 다음 주에 무슨 일이 발생할지를 예견할 수 없으며 그것을 바탕으로 사전 계획을 세울 수도 없다. 이뿐만 아니라 잠재의식은 과거에 대해 사고하지 못하며, 과거와 미래를 하나로 연결하지도 못한다. 그야말로 잠재의식은 착실하게 '현재만 충실히 살아가는 것이다.'

그러나 우리 자연계는 늘 '과거'와 '미래'에 대한 개념을 가지고 장기적인 계획을 세울 수 있는 생물이 생존 경쟁에서 비교적 유리했다. 하등 동물들의 경우에는 미래를 계획하는 일도 일종의 본능을 따른다. 예를 들어 다람쥐는 추운 겨울을 위해 본능적으로 견과류를 미리 저장할 줄 알고, 철새는 언제 따뜻한 남쪽으로 날아가야 할지를 본능적으로 안다. 그러면 농사를 짓는데 과거에 얻은 지식과 미래에 대한 계획이 필요한 인류의 경우에는 무엇이 미래를 예견하고 설계하며 계획할까? 바로 의식이다.

살다 보면 종종 의식과 잠재의식의 분업으로 인한 충돌이 생긴다. 이를테면 의식은 미래에 이루고 싶은 목표가 있는 사람에게 좀 더 많은 시간을 투자하여 그 일에 집중하라고 권유한다. 그러나 잠재의식은 그가 떠들고 노는 것도 좋아하는 걸 알기에

툭하면 파티에 가서 사람들과 어울리자고 유혹한다. 의식이 생각하는 '미래'와 잠재의식이 주목하는 '현재'가 충돌해서 낳은 결과는 다름 아닌 그 사람의 '답답한 속마음'일 것이다.

4. 잠재의식은 '자동으로' 막고, 의식은 '수동으로' 막는다.

딴생각을 하거나 다른 사람과 이야기하면서 자전거를 탈 수 있는 사람은 자신이 지금 어떻게 중심을 잡고 있는지 별로 의식하지 않는다. 또한 익숙한 솜씨로 피아노 연주를 하면서 노래도 부르는 사람은 두 가지 일을 어떻게 '나누어' 하는지 자신도 잘 모른다.

이처럼 크게 신경 쓰지 않고도 자연스럽게 하는 행동들은 모두 '잠재의식'이 작용해서 하는 일이다. 복잡한 기술도 한 번만 완벽하게 익혀두면 그 뒤로는 굳이 신경 쓰지 않아도 잠재의식이 자동적으로 몸을 움직여준다. 마치 스포츠에서 선수가 일단 '경기'에 들어가면 어떻게 움직이겠다고 생각하지 않아도 자연스럽게 멋진 플레이를 선보이는 것과 같다.

마찬가지로 우리는 생각해야겠다고 마음먹지 않아도 항상 자동적으로 생각하며 살고 있다. 피아니스트가 자동화되는 것과 마찬가지로, 대뇌가 정보를 처리하는 방식도 자동화될 수 있다. 예컨대 우리가 모임을 가질 때 잠재의식은 사람들의 대화가 자기에게 방해되지 않도록 차단함과 동시에 다른 한편으로는 그들의 대화를 '감시'한다. 그러다가 그들의 대화 중에 우연히 자기 이름이 거론되면 곧바로 관심을 보이며 그 주위를 서성이게 된다.

이와 같은 잠재의식의 '자동화' 시스템은 어떤 사람을 처음 만났을 때도 작동해 자신도 모르는 사이에 그가 어떤 부류의 사람인지를 금방 분류한다. 따라서 '분류' 작업을 절대 얕봐서는 안 된다. 그런 작업을 하기 위해서는 굉장히 복잡하고도 어마어마한 처리 과정이 필요하기 때문이다.

잠재의식은 우선 받아들인 정보를 인종, 성별, 나이 등으로 구분하고, '정보 보관 창고'를 검색하여 이를 종합하여 조목조목 분석한다. 그러는 동안 우리는 힘들거나 불편함을 느끼지 못한다. 그에 비하면 의식의 사고는 신경 써야 할 것이 많다. 그것은 주의력을 집중하는 일과 관계있기 때문이다. 잠재의식은 자동적으로 내 몸을 움직이게 하지만 의식은 그 와중에 내 몸을 위협하는 상황을 감지해 수동적으로 일일이 분석해야 한다. 결국 우리가 삶이 피곤하다고 느끼는 것은 지나치게 무언가를 '의식'하기 때문일 것이다.

잠재의식이 던지는 '암시' 받아먹기

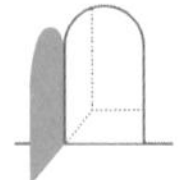

N은 유명한 전기 설비 발명가다. 그는 머릿속에 새로운 아이디어가 떠오르면 일단 대략적인 형태부터 구상한다. 그러고 나면 세세한 부분은 자신의 잠재의식이 자연스럽게 알려줄 것이라는 걸 잘 알고 있었다. 그래서 여태까지 아이디어를 어떻게 발전시킬 것인지를 두고 골머리를 앓거나 지나치게 파고들지 않았다. 그저 마음이 가는 대로 이리저리 만들어보다가 저절로 떠오르는 아이디어를 이용해 해결하지 못한 숙제를 풀었다. 그렇게 N은 20년 동안 단 한 번의 예외 없이 훌륭한 완제품을 설계해냈다.

F는 저명한 화학가다. 그는 6개의 탄소와 6개의 수소 원자가

휘발유를 만들 때의 분자식 배열이 어떤지를 알아내고 싶어서 오랫동안 연구에 매진했다. 하지만 쉽사리 해답을 찾아내지 못해 줄곧 괴로웠다. 그러던 어느 날, 그는 실험실에서 깜박 졸다가 잠재의식이 보내는 신호를 느꼈다. 꿈에서 어떤 뱀 한 마리가 자기 꼬리를 물고 장난감 풍차처럼 빙글빙글 도는 모습을 본 것이다. 순간 그는 문제의 답을 깨달았다. 우리가 아는 벤젠고리 배열 구조는 이렇게 해서 탄생되었다.

A는 유명한 박물학자이며 교수다. 그는 몇 주 동안이나 물고기 화석의 발굴 작업에 매달렸지만 좀처럼 화석의 윤곽이 또렷하게 드러나지 않았다. 결국 피곤에 지친 A는 발굴 작업을 잠시 손에서 내려놓기로 했다. 그런데 그날 밤, 교수는 꿈속에서 자신이 아직 발굴하지 못한 물고기 부분을 선명하게 보았다. 그는 꿈에서 본 모습을 하나하나 기억해내고 싶었지만 도무지 생각이 나지 않았다. 그런데 다음날, 그는 또다시 물고기 화석 꿈을 꾸었다. 하지만 이번에도 꿈에서 깨자마자 모두 잊어버렸다. 3일째가 되던 날 밤, 그는 잠자리에 들기 전 침대 머리맡에 펜과 종이를 놓아두고 꿈에 또다시 물고기를 볼 수 있기를 바랐다. 그리고 다음 날 새벽, 어렴풋이 잠에서 깬 그는 다행히도 조금 전에 꾸었던 물고기 화석의 모습을 매우 뚜렷하게 기억할 수 있었다. 그는 곧바로 펜을 들어 꿈에서 본 대로 그리기 시작했다.

날이 밝자, 그는 서둘러 작업실로 달려가 자신의 스케치를 참고 삼아 끌로 화석을 다듬기 시작했다. 그리하여 마침내 물고기 화석의 실체가 전부 드러났는데, 신기하게도 그것은 그가 본 꿈속 물고기와 완전히 닮아있었다.

D는 40여 년 전부터 실력 있던 의사로 당뇨병 치료에 관심이 많았다. 그는 당뇨병이 얼마나 고통스러운 병인지를 누구보다 잘 알고 있었다. 하지만 당시 의학계에는 아직 증상을 덜어줄 약물이 없었다. D는 국제적인 의학 난제를 해결하고 싶은 마음에 많은 시간을 들여 연구와 실험을 진행했다. 그러던 어느 날 밤, D는 연구 때문에 몹시 지쳐 잠이 들었다가 개의 퇴화된 췌관에 남아있는 액체를 추출하는 꿈을 꾸었다. 이것이 바로 인슐린의 기원이다. 그는 자신의 꿈에서 얻은 힌트를 참고로 연구를 진행하여 수천수만의 당뇨병 환자들에게 큰 도움을 주었다.

위와 같은 사례들은 일일이 헤아릴 수 없을 정도로 많다. 잠재의식은 이렇게 '인간을 행복하게' 하며, 인간이 초인적인 깨달음과 통찰력을 가질 수 있도록 도와준다. 끊임없이 신경을 집중하며 진행하는 일들은 그 사람의 대뇌 속 잠재의식에 그대로 입력된다. 그러다가 꿈을 꾸는 것처럼 자신이 주의하지 못하는 사이에 잠재의식은 자신의 역량을 발휘하여 문제를 해결하도록 도와준다. 만약 온갖 지혜를 다 짜내도 원하는 결과를 얻지 못한다면, 일단 잠을 청하는 것도 괜찮다.

하지만 무언가 일이 잘 풀리지 않는다고 매일 잠만 자면서 꿈에서 뭔가 깨닫기만을 바랄 수는 없을 것이다. 그러니 이제 관건은 정신이 맑고 또렷할 때도 잠재의식을 지배하고 이용할 수 있느냐에 있다. 그런데 사실 이 문제 해결의 답은 의외로 간단하다. 바로 '암시'다! 또렷한 정신 상태에서 잠재의식이 주는 힌트인 '암시'를 정확히 잡아내면 된다. 그렇다면 지금부터는 암시가 과연 얼마나 대단한 것인지 살펴보자.

잠재의식이 주는 히든카드, 암시

'암시'라는 말을 들으면 「디자인 오브 데스Design of Death, 원제는 살생殺生」라는 중국영화가 떠오른다. 주인공인 '뉴제스牛結實'는 평소에 무척 거만하고 제멋대로인 사내였다. 그는 폐쇄적인 산골 마을의 풍속을 해치고 도덕적 규범에 어긋나는 일을 일삼고 살았다. 그래서 마을 사람들은 모두 그 사람을 미워했고 그가 차라리 죽어버렸으면 좋겠다고까지 생각했다. 하지만 그 누구도 살인자가 되고 싶지는 않았다. 결국 마을 사람들은 고민 끝에 한

가지 '묘책'을 생각해냈다. 앞으로 누구든 그와 마주칠 때마다 이런 말을 건네기로 한 것이다.

"얼굴빛이 너무 안 좋아 보이네. 무슨 병이 깊어 가고 있는 거 같아!"

그 후 사람들은 그를 만나기만 하면 온갖 방법으로 끊임없이 그런 '암시'를 주었다. 그러자 뉴제스도 점점 자신이 진짜로 심각한 병에 걸렸으며 살 가망이 없다고 생각하게 되었다. 그렇게 시간이 흐르자 그는 사람들의 말대로 진짜 병을 얻어 요절하게 되었다.

또 한 가지 사례를 보자. 기다란 널빤지를 얕은 개울에 걸쳐두고 그 위를 걸어서 개울을 건너는 일은 쉽다. 하지만 똑같은 너비와 길이의 널빤지를 수심이 깊은 강물 위에 걸쳐두고 그 위를 걸어서 반대편으로 건너가라고 하면 사람들은 모두 겁을 낸다. 어쩌다 두세 걸음 용기 있게 내딛는 사람도 있겠지만, 혹시라도 발을 헛디뎌 추락할까 봐 떨려서 얼른 되돌아올 것이다. 이처럼 똑같은 널빤지인데도 완전히 다른 반응을 보이는 이유는 뭘까?

수심이 깊은 강물 위를 건너려고 할 때 사람들은 은연중에 '추락'할지도 모른다는 '암시'를 받는 것이다. 위험하고 무서운 상황을 앞에 둔 잠재의식은 추락할 가능성을 자기에게 즉각적으로 예견하게 해 뒤로 물러서게 하는 것이다. 그럴 때는 '이 널빤지는 얕은 개울에 걸쳐있던 널빤지와 똑같은 것이다. 방금 거길 건너왔으니, 이번에도 분명히 성공할 거야!'라는 논리로 자기 자신을 설득하려고 해도 별로 소용이 없다. 논리적 사유는 의식 영역의 일인데, 이미 당신은 잠재의식의 지배를 받고 그것이 보내는 '추락'이라는 암시를 그대로 받아들였기 때문이다. 이런 암시를 받으면 설령 두려움을 무릅쓰고 널빤지를 건너더라도 진짜로 추락할 가능성도 있다. 그것이 바로 암시의 힘이다!

그런데 모든 암시가 그대로 적용되는 것은 아니다. 다음의 사례를 보자.

어떤 여자 승객이 배의 갑판 위에 서 있다가 파도 때문에 약간 비틀거리고 있다. 그때 당신이 그녀에게 다가가 "저런! 어디 불편하세요? 얼굴이 새파랗게 질렸어요! 뱃멀미를 하나 봐요. 선실까지 제가 부축해 드릴까요?"라고 말하면, 그녀의 얼굴에는 순식간에 핏기가 사라지고 당신의 제안을 고맙게 받아들일 것이다.

그런데 만약 베테랑 선원에게 이렇게 말하면 어떨까?

"이봐요, 어디 불편해 보여요. 혹시 뱃멀미라도 하는 거 아니에요?"

그러면 그나마 성격이 괜찮은 선원의 경우에는 당신이 잘못 본 거라며 친절하게 답해 줄 것이고, 성질이 고약한 선원의 경우라면 그 말에 화가 나서 당신을 바다로 던져버릴지도 모른다.

왜 똑같은 뱃멀미라는 암시를 주었는데도 사람에 따라 다른 효과가 나타나는 것일까? 그것은 그들의 잠재의식 상태가 같지 않기 때문이다. 여자 승객이 당신의 제안을 받아들인 이유는 이미 그녀의 마음속에 존재하고 있던 두려움이나 불안감이 당신이 던진 암시와 공감대를 형성했기 때문이다. 그래서 그녀는 곧 진짜 뱃멀미를 한다고 믿게 되었다. 당신이 준 암시가 진짜 현실이 된 경우다.

반면 베테랑 선원에게는 그런 암시가 전혀 효과가 없었다. 그의 잠재의식 속에는 오랜 선원 생활로 이미 자신에게 뱃멀미에 대한 면역이 생겼다는 확신이 존재하기 때문이다. 그래서 당신이 그 말을 했을 때 영향을 받지 않았을 뿐만 아니라 오히려 자신감 혹은 반감이 생겼다.

결론을 말하자면 암시는 모두에게 작용하는 것이 아니다. 자신이 혹은 상대방이 암시의 내용을 실제로 믿느냐, 믿지 않느냐에 따라 작용을 달리한다.

이런 사실들을 알았으니, 이제 암시가 가져다주는 장점을 마음껏 누려보자. 이와 관련된 유명한 이론 중에 '로젠탈 효과Rosenthal effect', 다른 말로 '피그말리온 효과Pygmalion effect'라는 것이 있다.

'로젠탈 효과'란 미국의 사회심리학자인 로버트 로젠탈의 실험에서 따온 말이다. 로젠탈과 그의 연구팀은 한 중학교의 18개 반 학생들에게 지능지수 테스트를 실시했다. 그런 후에 학생들 모르게 교사들에게만 지능지수가 뛰어난 학생들과 지능지수가 낮은 학생들의 명단을 건네주었다. 그런데 그 명단은 무작위로 선발된 것으로 실제 결과와는 아무런 관계가 없었다.

8개월 후, 놀라움과 반성할 만한 결과가 나타났다. 재실시한 지능지수 테스트 결과, 첫 번째 테스트에서 지능지수가 정상 범위에 속했다고 알려준 학생들 점수는 10점 정도 오른 반면, 뛰어난 지능지수를 가졌다고 말했던 20%의 학생들은 무려 30점 이상 점수가 오른 것이다. 신기하게도 교사의 '기대감'이 실제로 학생들을 변화시켰다.

이것은 분명 로젠탈의 '권위성 거짓말'이 작용한 결과라고 볼 수 있다. 그와 연구팀이 한 거짓말은 교사에게 암시를 주었고, 그러한 암시는 교사가 학생들의 능력을 평가하는데도 큰 영향을 미쳤던 것이다. 그래서 교사는 알게 모르게 애정 어린 말과 행동으로 학생들을 대했고, 학생들도 선생님의 애정과 기대를 한 몸에 받고 있다고 느꼈을 것이다. 교사의 특별한 관심을 받은 학생들은 더욱더 자신을 존중하게 되었고 자신감과 의욕도 생겼다. 그 결과 여러 방면에서 놀라운 발전을 하게 된 것이다.

당신이 간절히 원하면 정말 그것을 얻게 될 것이다. 그리고 달라지고 싶다고 기대하는 만큼 진짜로 달라질 것이다! 일이 척척 진행될 것이라고 믿는다면 반드시 순조롭게 진행될 것이며, 이와 반대로 일을 시작하기도 전에 잘 안될 것이라고 확신하면 정말로 장애물이 생겨날 것이다.

누군가에게 건네는 긍정적인 암시는 빠른 속도로 그 사람을 발전하게 만든다. 하지만 누군가에게 건네는 부정적인 암시는 그 사람이 자포자기하고 노력조차 하지 않게 만든다.

그렇다면 마지막으로 당신도 자신에게 긍정적인 암시를 걸어보자.

'이 책을 읽고 나면 나는 분명히 더 똑똑하고 지혜로워질 것이다! 심리학에 더욱 흥미를 느끼고 재미있어할 것이다!'라고 말이다. 좋다! 이미 당신은 심리학에 빠져들었다.

2장

여러 해 나를 따라다니는 어두운 그림자 _우울증

우울한 일요일에

나의 시간도 깊이 잠들었네.

사랑하는 사람이여! 무수히 함께했던 어두운 그림자

하얀 작은 꽃들도 당신을 깨울 수 없다네.

시커먼 슬픔의 마차(영구차)가 당신을 데려갔으니

…(중략)

죽음은 정녕 꿈이 아니리. 죽음 안에서 나는 당신을 사랑할 테니까.

내 영혼의 마지막 숨결로 당신을 축복하리.

우울한 일요일에

이것은 헝가리 작곡가 레조 세레스Rezso Seress가 만든 「글루미 선데이Gloomy Sunday」라는 곡의 가사다. 이 곡은 그가 연인과 헤어지고 난 후 극도로 비통한 심정으로 작곡했다고 한다. 그런 까닭에 이 멜로디 속에는 깊은 절망감이 고스란히 담겨있다. 한때 이 노래를 듣고 많은 사람이 목숨을 끊는 바람에 '헝가리 자살 송가'로도 불린다.

나는 매번 사라 브라이트만의 목소리로 이 노래를 듣는다. 그녀가 가볍게 읊조리듯 부르는 노래를 듣고 있노라면 나는 이 곡이야말로 진정 우울증 환자를 위한 노래이자 우울증 애도가라는 생각을 할 수밖에 없다. 그만큼 이 곡은 우울, 절망, 억압, 죽음 같은 것들이 하나로 결합되어 표출되고 있다.

한 사람의 슬픔으로 이처럼 많은 사람의 목숨을 좌우하는 노래를 만들었다니, 대체 슬픔의 '독성'이란 얼마나 강력한 것일까? 그런데 우울증은 단지 슬퍼서 울부짖는 것에만 그치지 않는다. 그렇다면 우울증이 얼마나 끔찍한 것인지 짐작이 가는가!

세상 가장 깊은 절망, 눈물 없는 우울증

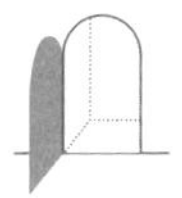

나는 예전에 『광야무인曠野無人』이라는 책을 읽은 적이 있다. 이 책의 작가인 리란니李蘭妮는 5년간 우울증과 맞서 싸웠다. 그녀는 때때로 우울증에 지기도 하고 이기기도 하면서 몇 차례나 글을 썼다 중단하기를 반복했지만, 마침내 『광야무인』이라는 우울증 자아 치료에 관한 책을 완성했다. 이 책이 나에게 가장 깊은 인상을 준 것은 바로 책의 제목이다. 네 글자로 된 이 책의 제목이 우울증 환자의 심리 상태를 너무나 정확하게 표현해 주고 있기 때문이다.

우울증에 걸리게 되면 이 제목처럼 '아득한 광야에 아무도 없이 혼자 남겨진 것 같은 외로움'을 느끼며, 단지 고통만이 온 세상에 가득 차 있는 것 같다. 아무리 사람이 많은 번화가에 서 있어도 마찬가지로 자신의 말을 들어줄 사람 하나 없다고 생각하며, 휘황찬란한 빌딩 숲에 둘러싸여 있어도 생기라고는 전혀 없는 황무지에 서 있는 느낌이 든다.

정신없이 오가는 현대사회 속에서 자신이 의지할 곳 없는 고립무원의 상태라고 느끼는 사람은 별로 많지 않을 것이다. 하지만 우울증을 앓고 있는 사람들은 주위에 사람이 많을수록 더욱 큰 외로움과 고독감을 느낀다. 그 수많은 사람이 자신에게 등을 돌리고 심지어 아무 이유 없이 어둠으로 내몬다고 생각할 정도로 깊은 상처를 안고 살아간다. 이 얼마나 무서운 일인가.

우울증에 대해 제대로 알고 싶다면, 여기 불행한 세 사람의 이야기부터 들어보자.

A의 사례

최근 몇 년간 나는 우울증이 몇 차례나 재발되어 심한 고통에 시달렸다. 한 번 우울증이 시작되면 거의 6개월 이상 지속되었다. 발병 시기는 계절과 어느 정도 상관이 있었는데, 통상적으로 4월이 가장 힘든 시기였다. 그중에서도 작년에 우울증이 가장 심각했다. 당시 나는 업무적으로 엄청난 변화를 겪었다. 새로 온 부서장이 나를 들어본 적도 없는 자리로 전근 보내는 바람에 나는 울며 겨자 먹기식으로 직장을 그만둬야 했다. 게다가 사소한 오해 때문에 그동안 친하게 지내던 친구와의 사이도 갑자기 멀어졌다. 또 줄곧 복용해왔던 플록세틴캡슐Fluoxetine이란 우울증 약을 한 달간 끊어볼 생각이었다. 자꾸만 더 그 약에 의지하는 것 같아서였다. 그러고 나서 나는 여태까지 임대해 쓰던 집을 비워주고 더 살기 좋은 곳으로 이사할 생각이었다. 하지만 이사 문제는 마음대로 되지 않았다. 결국 이 모든 일이 한꺼번에 겹치면서 나는 한순간에 무너졌고 모든 것이 더 엉망이 되지는 않을까 불안에 떨기 시작했다. 새벽 서너 시가 되면 나는 지독한 공황장애로 잠에서 깨곤 했다. 그 순간에는 너무나 힘들어서 차라리 6층 창문으로 뛰어내리는 것이 마음 편하겠다는 생각도 들었다. 사람들과 함께 있을 때면 긴장되어 기절할 것만 같았다. 불과 3개월 전만 해도 멀쩡하게 회사를 다녔었는데, 어느 순간 세상과 완전히 동떨어진 기분이 들었다.

우울함이 나를 확실하게 덮친 것은 집이 팔리고 2주가 지난 뒤였다. 나는 얼른 새로운 집을 구해야 하는 절박한 상황에 놓여있었지만, 오히려 집 밖으로 한 발짝도 나가지 못했다. 세상 사람들이 모두 나를 기만하는 것 같아서 그저 상처를 입은 야생동물처럼 맥없이 쓰러져 있었다. 나는 완전히 무너졌고, 온종일 거의 아무것도 먹지 못했다. 그러다가 정신분열적 긴장

상태에서 마치 엄청난 충격이라도 받은 것처럼 비정상적인 행동까지 하게 됐다. 기억력도 온전치 못했고, 나중에는 대소변을 가누지 못해 바지에 실례를 하는 지경에까지 이르렀다. 그땐 정말이지 무시무시한 지옥에 갇힌 것처럼 그 방에서 한 발짝도 나올 수가 없었다.

모든 것이 바닥인 상태 : 의욕 상실

의욕 상실이란 어떤 일에 대해 '흥미'가 완전히 사라진 상태다. 이러한 '흥미'는 단순히 게임, 노래 부르기, 여행 등과 같은 취미를 가리키는 것이 아니라 삶의 모든 것을 포함한다. 한마디로 말해 이 상태의 환자들은 모든 사물이나 활동에 대한 흥미를 완전히 잃어버린다. 잠자리에서 일어나거나 세수하는 것은 물론이고 심지어 말도 하지 않으려고 한다.

A의 경우, 살던 집을 비워주고 얼른 새집을 구해야 하는데도 의욕 상실 때문에 그 일을 처리할 기운조차 없다. 그래서 이런 상태가 된다.

"나는 얼른 새로운 집을 구해야 하는 절박한 상황에 놓여있었지만, 오히려 집 밖으로 한 발짝도 나가지 못했다."

먹지도 않거나 먹기만 하거나 : 식욕 장애

다수의 우울증 환자는 식욕도 별로 없고 체중도 줄어든다. A도 "나는 완전히 무너졌고, 온종일 거의 아무것도 먹지 못했다"고 했다. 반면에 몇몇 우울증 환자들은 지나칠 정도로 많이 먹고 체중도 급격히 증가한다. 체중이 늘든 줄든 간에 우울증에 빠지면 매번 똑같은 변화가 나타난다.

잠을 이루지 못하거나 죽을 만큼 자거나 : 수면 장애

우울증을 앓을 때 가장 흔히 볼 수 있는 증상이 바로 불면증이다. 너무 일찍 잠에서 깨거나 밤에도 잠이 오지 않는 패턴이 반복적으로 나타나는데, 마치 A의 표현처럼 "새벽 서너 시가 되면 나는 지독한 공황장애로 잠에서 깨곤 했다. 그 순간에는 너무나 힘들어서 차라리 6층 창문으로 뛰어내리는 것이 마음 편하겠다는 생각도 들었다." 하는 상태가 된다. 대개 처음에는 잠이 잘 오지 않거나, 밤에 자주 깨는 일부터 시작된다. 식욕과 마찬가지로, 어떤 우울증 환자들은 잠이 오히려 늘어서 매일 15시간, 심지어 그 이상 자기도 한다.

B의 사례

우울증은 어느 순간 내게 찾아와 나를 통째로 집어삼켰다. 마치 참나무를 휘감는 덩굴이나 내 몸에 달라붙은 흡혈귀처럼, 우울증은 내 삶의 활력을 모조리 빨아들여 자신의 기운을 보충했다. 한창 심각하게 우울증을 앓을 때는 도무지 내 생각 같지 않은 나쁜 생각들을 많이 했다. 당시 나는 그런 감정에서 벗어나려고 시도했지만, 영혼의 날개가 꺾이고 날아갈 곳도 없는 느낌만 들었다. 하루하루 해가 뜨고 지는 일이 나에게는 아무런 의미가 없었다.

나는 어떤 거대한 힘의 압박과 통제를 받아 늪에 빠진 것 같았다. 맨 처음에는 복사뼈 아래만 움직일 수 없다가 점점 무릎까지 경직되더니 나중에는 허리와 어깨도 짓눌렸다. 결국에는 뱃속 태아처럼 잔뜩 움츠린 채로 점점 더 압박당하고 짓눌렸다. 우울함의 검은손은 그렇게 차츰차츰 내 목을 바짝 조르고, 내 의지를 파괴하고, 내 용기를 박살냈으며, 내 몸을 망가뜨리고 끊임없이 나를 물어뜯었다. 나는 숨을 쉴 수 없을 만큼 허약해졌다.

그때 나는 마구잡이로 뒤엉킨 나무 덩굴처럼 절대로 뽑히지 않을 것 같은 우울증 때문에 차라리 죽음을 택해 이 모든 일을 끝내고 싶었다. 그러나 그럴 기운이나 용기조차도 우울증에게 뺏겨버려서 죽을힘도 남아있지 않았다. 이런 나의 참담한 상황을 본 사람은 아무도 없었다. 나는 매일 어두운 방 안

침대 한쪽 모서리에 몸을 웅크리고 앉아서 제발 이 고통에서 벗어나게 해달라며 믿지도 않는 신들에게 기도만 되풀이했기 때문이다.

당시 나는 가장 고통스럽게 죽는 방법도 받아들일 정도로 죽길 원했지만, 멍청하게도 자살할 생각은 하지 못했다. 그때는 1분 1초가 나에게 고통이었다. 체액이 모두 빨려 나가서 눈물은 사치품이 되어버렸고 입술은 바싹 말라 쩍쩍 갈라졌다. 예전에 나는 펑펑 울 때가 인생에서 가장 비참한 때일 거라고 생각했다. 하지만 울 수조차 없이 어찌해야 할지를 모르는 때가 이 세상에서 가장 깊은 절망이라는 사실을 나중에야 깨닫게 되었다.

울음조차 나오지 않는 상태 : 깊은 우울감

우울감은 단순히 '기분이 좋지 않다'와는 다르다. 우울증이라고 하면 사람들의 대답은 대개 이렇다.

"아! 그거 몹시 기분이 나쁜 것이죠."

사실 그렇지 않다. 사람이라면 누구나 기분이 안 좋을 때가 있다. 하지만 한바탕 울거나 잠을 푹 자고 일어나면 안 좋았던 기분이 자연스럽게 누그러진다. 그러면 마치 큰 병이 나은 듯 홀가분해진다. 그러나 우울증을 겪고 난 후에는 '재난에서 요행히 살아남은 생존자'라는 말에 비유할 만큼 여전히 주위 모든 것은 엉망진창이고, 위험했던 일이 지나갔는데도 여전히 가슴이 두근거린다.

조금 다른 각도에서 보면, 이러한 우울감은 일종의 불행한 감정이다. 가벼운 우울증 환자는 울기도 하지만, 심각한 우울증 환자는 울음조차 나오지 않는다. 그들은 자기 자신 혹은 다른 사람이 자신을 도울 수 있다는 것도 믿지 않으며 철저한 무력함과 절망감을 느낀다.

B는 "예전에 나는 펑펑 우는 것이야말로 인생에서 가장 비참한 때일 거라고 생각했다. 하지만 울 수조차 없이 어찌해야 할지를 모르는 때가 이 세상에서 가장 깊은 절망이라는 사실을 나중에야 깨닫게 되었다."라고 말했다.

극도의 경직과 흥분을 오가는 상태 : 조울증

"나는 어떤 거대한 힘의 압박과 통제를 받아 늪에 빠진 것 같았다. 맨 처음에는 복사뼈 아래만 움직일 수 없다가 점점 무릎까지 경직되더니 나중에는 허리와 어깨도 짓눌렸다. 결국에는 뱃속 태아처럼 잔뜩 움츠린 채로 점점 더 압박당하고 짓눌렸다."

이처럼 수많은 우울증 환자들은 행동이 느려지기도 하고 마치 최면에 걸린 것처럼 몸을 전혀 까딱하지 못할 때가 많다. 그들은 위기에 대한 반응이 너무 둔해서 사고도 쉽게 당한다.

하지만 이와는 정반대로 몇몇 우울증 환자들은 지나치게 활발하다. 가령 쉴 새 없이 두 손을 흔들거나 다리를 툭툭 차기도 하고, 몸을 앞뒤로 흔들거리거나 느릿느릿 걷는다. 이러한 행동에는 특별한 이유나 목적도 없다.

C의 사례

여태껏 나는 강한 자살 충동과 끊임없이 싸우고 있다. 나는 항상 자살을 생각한다. 지독하게 우울할 때는 오로지 그 생각뿐이지만, 단지 마음만 앞서고 실제로는 자신의 미래 모습을 상상하는 어린아이처럼 허황된 베일로 덮어둔다. 내 상태가 점점 악화되고 있다는 것을 충분히 느낄 수 있다. 내가 생각하고 있는 자살 방법이 갈수록 다양하고 끔찍해지기 때문이다. 요즘은 캐비닛 속에 숨겨놓은 수면제를 먹는 것보다는 면도날로 손목을 긋는 상상을 한다. 예전에는 밧줄을 묶어도 괜찮은지 나뭇가지를 체크해 본 적도 있었다. 또한 언제쯤 집에 혼자 있을지, 또 언제쯤 순조롭게 그 일을 해낼 수 있을지 그 시기도 고려하고 있다. 이런 생각으로 운전을 하면 어떨 때는 벼랑 끝으로 차를 몰고 가고 싶지만, 자동차 에어백 때문에 실패할지도 모르고 또 괜한 사람을 다치게 할 수도 있다는 생각에 그만두곤 한다. 나에게는 이런 방법들이 모두 다 번거롭기만 하다.

삶과 죽음의 경계선에 서다 : 자살 사고思考

C는 항상 죽음을 생각하고 있다. 수많은 우울증 환자들이 죽음이나 자살에 대한 생각을 끊임없이 한다. 하지만 우울증이 악화되면 집중력이 떨어져 무엇이든 쉽게 결정하지 못하며, 머리가 둔해져서 내다 버려도 될 만큼 닳았다고 느낀다.

사실 그들의 말처럼 차라리 죽으면 덜 끔찍할지도 모른다. 심각한 우울증 때문에 날마다 죽음의 문턱에 서 있는 것이 어쩌면 더 고통스러울 수도 있기 때문이다. 삶과 죽음의 경계선에 있는 상황은 그야말로 무서운 일이다. 깊은 물속에 뛰어들면 좋고 나쁘다고 말할 것도 없이 그걸로 끝이지만, 바로 한 발짝 옆에 항상 위험한 곳이 있다고 느끼면서 살면 아무것도 보이지 않는 어둠 속에서 자신도 어찌할 수 없는 공포에 끊임없이 시달릴 것이다.

'광야무인'의 솔로몬

우울증으로 고통받는 사람들을 보면서 어떤 사람들은 이렇게 물을 것이다.

"그런데 그들은 사회생활을 하면서 많은 사람보다 크게 앞서가서 두렵거나, 너무 뒤처져 자괴감이 들 상황도 아닌데 어째서 그런 병을 얻었을까요?"

이 문제를 푸는 것은 별로 어렵지 않다. 그러나 답을 듣기에 앞서 우울증의 경과 상태부터 알아보는 것이 전제되어야 할 것이다. 그 좋은 예로 내가 선택한 사람은 『한낮의 우울The Noonday demon』이란 책을 쓴 앤드류 솔로몬Andrew Solomon이다. 그는 베스트셀러 작가인 동시에 심각한 우울증을 겪은 환자이기도 하다. 시간을 거슬러 올라가 그의 이야기를 들어보자.

솔로몬의 행복한 유년 시절

사실 솔로몬의 어린 시절은 흠잡을 것 없이 행복했다. 그의 부모는 그와 남동생을 무척 사랑했으며 형제 사이도 좋았다. 간혹 부모가 사소한 일로 다투기는 했지만, 부부 사이의 애정이나 아이에 대한 진심 어린 희생에는 아무런 문제가 없었다. 솔로몬의 가정은 중산층이어서 생활하는데도 그다지 큰 어려움이 없었다. 솔로몬이 기억하는 유년 시절은 대부분 행복한 추억뿐이다. 다만 6살 때 참가했던 여름 캠프에서 겪은 일은 오랫동안 끔찍한 추억으로 남아있었다.

그때 그와 친구들은 커다란 나무 밑에 앉아서 이야기를 듣고 있었다. 그런데 솔로몬은 갑자기 자신에게 엄청난 재앙이 덮칠 것 같은 예감이 들었다. 그는 순간 너무 두려워 몸을 움직일 수 없었다. 마치 자신이 조금이라도 움직이면 그 무시무시한 일이 곧바로 일어나서 절대로 피할 수 없을 것만 같았다. 예전부터 솔로몬은 늘 사람의 생명이 아주 단단한 껍질에 쌓여있다고 생각했는데, 그 순간에는 껍질이 물렁물렁해져서 아래로 푹 꺼질 것 같은 기분이 들었다. 그래서 자신이 전혀 움직이지 않는다면 아무 일도 일어나지 않겠지만, 조금이라도 움직이면 곧바로 위험해질 것 같았다. 왼쪽, 오른쪽, 아니면 앞쪽? 어느 방향으로 움직여야 구조될 수 있을지 몰라서 고민하던 그때, 다행히 한 선생님이 다가와서 어서 가지 않으면 수영 수업에 늦는다고 말해 주었다. 그러자 신기하게도 솔로몬이 느꼈던 공포가 갑자기 사라졌다. 비록 짧은 시간이었지만 그는 그날 느낀 공포를 절대로 잊을 수 없었고, 다시는 그런 일이 일어나지 않기만을 바랐다.

알 수 없는 불안감이 닥친 청소년기

중·고등학교 시절 솔로몬은 적극적인 아이는 아니었지만 몇몇 친구들과 곧잘 어울려 지냈고, 각종 모임과 활동에 참가하는 것을 좋아했으며 학교성적도 그리 나쁘지 않았다.

그 무렵 솔로몬은 성性에 눈을 뜨기 시작했는데, 이성이든 동성이든 누군가와의 관계는 영원히 지속되지 않는다는 사실을 깨닫게 되었다. 이로 인해 그는 상당 기간 이성은 물론 동성 친구들과도 거리를 두고 지냈다. 그러다가 어느 순간부터는 막연한 불안감에 휩싸이게 되었다. 그가 느끼는 불안은 특별한 이유가 없었으며, 그 속에는 슬픔과 공포도 함께 뒤섞여 있었다. 그는 불안감을 떨치기 위해 일부러 더 즐거운 척하고, 억지로 사람들과 더 친하게 지냈다. 그렇게라도 하면 불안함에 정신을 집중하지 않을 것 같아서였다. 심각했던 그 증상들은 그의 눈물 나는 노력으로 원만한 인간관계 속에 묻혀버렸다.

가족의 아픔으로 상처를 받은 성년기

어른이 된 후에 솔로몬은 다른 젊은이들과 마찬가지로 용기와 열정이 가득했다. 그는 (비록 감정 컨트롤 문제로 도중에 몇 번 포기하기도 했지만) 해외여행도 했고, 석사 학위도 땄으며 머리를 길러보기도 했다. 또 로큰롤 밴드에 들어가 공연도 하고, 사랑에 빠져서 아름다운 가정을 꾸밀 계획도 세웠다. 예전의 끔찍했던 감정들은 이제 그에게서 완전히 떠나간 것 같았다. 적어도 25살 전까지는 말이다.

그해 솔로몬에게 자신의 운명을 뒤바꿔놓을 만큼 큰일이 있었는데, 다름 아닌 그의 사랑하는 어머니가 난소암 판정을 받은 것이었다. 그 후 그에게 또다시 심각한 우울증이 찾아왔고 여러 차례나 그를 위태롭게 만들었다.

첫 번째 붕괴, 어머니의 죽음

솔로몬의 어머니는 암 진단을 받은 뒤 2년 만에 세상을 떠났다. 그는 한동안 깊은 슬픔에 빠져 지내다가 차츰 주변 사람을 원망하게 되었으며, 삶에 흥미를 잃어버리고 모든 인간관계가 그대로 마비되었다고 느꼈다. 그는 사랑, 일, 가정 그 어느 하나에도 마음에 두지 않았다. 책을 쓰는 일도 점점 더디더니 결국 어느 순간 정지되고 말았다. 그는 끈질기게 치근거리는 초조함 외에는 그 어떤 감정도 남아있지 않은 자신을 발견했다.

예전에 솔로몬은 분명 열정이 가득한 사람이었으나, 그 시기에 그는 어떠한 신체적, 정신적 접촉도 원하지 않았다. 그를 아는 주위 사람이나 그가 좋아하는 사람 중 그 누구도 솔로몬의 관심을 불러일으키지 못했다. 심지어 유흥가를 돌아다녀도 그는 마치 상상 속의 먼 우주에 있는 사람 같았다. 그는 파티에 참석해서 즐기려고 애썼지만 매번 실패로 끝이 났다. 친구를 만날 때도 그들과의 교류에 집중하려고 했지만 그럴 도리가 없었다. 게다가 평소 무척 갖고 싶었던 물건을 사도 조금도 만족스럽지 않았다.

또한 그는 운전하는 것이 너무나 두려웠다. 야간 운전을 할 때마다 길도 잘 보이지 않고 자꾸만 도로 바깥으로 벗어나는 듯한 느낌 때문에 오히려 더 갓길로 치우치거나 다른 차와 부딪칠 뻔한 적도 많았다. 고속도로에서 운전을 하다가도 문득 자신의 손발을 제어하지 못하거나 어떻게 운전하는지 기억이 안 나는 바람에 허둥지둥 갓길에 차를 세우고 식은땀을 흘리기도 했다.

그 무렵 그는 정신과 의사로부터 '우울증'이라는 진단을 받았다.

두 번째 붕괴, 몸을 조여오는 극도의 공포

어머니가 돌아가신 후 3년 뒤, 꾸준한 치료를 통해 솔로몬의 병세는 많이 호전되었다. 그 무렵 솔로몬은 아름답고 매력적인 여자를 만나 사랑에 빠졌다. 두 사람은 함께 즐거운 시간을 보냈지만 좋은 시절은 그리 오래가지 못했다. 서로 간의 성격 차이가 드러나자, 둘의 관계는 불안정해지기 시작했다. 그러다가 여자친구가 임신을 했는데 불행히도 유산되고 말았다. 이 일은 솔로몬에게 큰 좌절감으로 다가왔다. 두 사람은 결국 이 일로 갈등의 골이 깊어져 헤어지게 되었다. 그 후 또다시 혼자가 된 솔로몬은 벗어날 수 없는 깊은 슬픔에 빠지고 말았다. 그 무렵 그의 첫 번째 소설이 영국에서 출간되었다. 비록 책은 사람들의 좋은 평가를 들었지만 그는 오히려 아무런 감흥이 없었다. 출판사에서는 그에게 순회강연을 해달라고 부탁했다. 그는 그 일이 죽도록 싫었다. 강연을 할 때마다 회색빛의 사람들 그림자, 회색빛 공간과

암담한 빛에 둘러싸이는 느낌을 받았기 때문이다. 매번 그는 비 오듯 땀을 흘리며 힘겹게 강연을 했고 어서 빨리 그곳을 벗어나야겠다는 생각밖에 들지 않았다.

한번은 강연을 마친 후 집에 도착했는데 갑자기 솔로몬의 상태가 극도로 악화되었다. 그는 가만히 누워있었는데 말을 하려고 해도 말이 나오지 않았고 움직이려고 해도 움직일 수가 없었다. 그는 출판사에 전화를 걸어 다음 강연을 취소하겠다는 말을 하고 싶었지만 목소리가 전혀 나오지 않았다. 그는 울기 시작했지만 눈물은 나오지 않고 겨우 흐느끼는 소리만 낼 뿐이었다. 갑자기 넘어지거나 미끄러질 때처럼 손을 짚을 새도 없이 얼굴을 맨땅에 곤두박질치는 것 같은 공포감이 그에게 정면으로 엄습해 왔다.

솔로몬은 습격을 받고 철저하게 무너졌다. 그의 시야는 점점 좁아지고 흐릿해지다가, 결국에는 장님이라도 된 것처럼 캄캄한 어둠 속에 철저히 자신을 가둬버렸다. 또한 귀머거리라도 된 것처럼 모든 소리가 희미해지더니 마침내 소름 끼치는 적막이 그를 집어삼켰다. 이뿐만 아니라 자신이 입고 있던 옷이 나무판처럼 변하는 듯 팔꿈치며 무릎이 점점 딱딱하고 무거워졌다. '나무판'은 그를 단단히 옭아매어 점점 움츠리게 하더니 최후에는 그를 완전히 파괴시켜 버렸다.

이틀 뒤, 솔로몬의 아버지는 자신의 집 바닥에 쓰러져 물 한 방울도 넘기지 못하는 그를 발견해서 곧바로 병원으로 옮겼다.

세 번째 붕괴, 사소한 일상이 무너지다

조금씩 병세가 호전되던 솔로몬의 평온한 일상은 갑자기 발병한 신장 결석 때문에 또다시 깨지고 말았다. 그날 밤 그는 신장 결석의 통증 때문에 병원 응급실의 의료진을 기다리는 1분 1초가 고통스럽게 느껴졌다. 마치 누군가가 그의 중추 신경을 황산에 담가 신경 가장 안쪽까지 철저하게 부식시키는 것 같은 고통이었다. 그는 몇 차례나 간호사를 불렀지만 누구 하나 얼른 달려와주지 않았다. 육체적 고통은 솔로몬의 정신에도 큰 영향을 미쳤다. 솔로몬은 곧 신장 결석을 치료했지만 우울증을 다시 앓아야 했다.

솔로몬은 매일 사지가 뻣뻣하게 굳은 채 침대에 누워서 울었다. 그는 샤워를 하러 가는 것조차 무서웠다. 하지만 동시에 '샤워가 뭐 그리 대수겠어.'라는 생각과 함께 해야 할 일련의 동작들을 마음속으로 수도 없이 반복했다.

'침대에서 일어나 발을 땅에 딛는다. 몸을 일으켜 앉는다. 욕실로 간다. 욕실 문을 연다. 욕조 옆으로 걸어간다. 수돗물을 튼다. 샤워기 아래 선다. 비누로 몸을 씻는다. 깨끗하게 헹군다. 욕

실을 나온다. 몸을 말린다. 다시 침대로 돌아온다.'

하지만 이 12단계의 행동을 실행에 옮기는 것은 그에게는 마치 예수의 수난과도 같은 고통이었다. 정상적인 사람이라면 식은 죽 먹기로 할 수 있는 일인데도 그는 첫걸음조차 내딛기 어려웠다. 그래도 그는 어렵게 용기를 내어 간신히 몸을 일으키고 바닥에 발을 내딛었다.

하지만 이내 모든 의욕을 상실하고 말았다. 그는 얼른 침대로 돌아가고 싶었지만, 이번에는 바닥에 디딘 채로 꼼짝하지 않는 두 발이 말썽이었다. 몇 시간이 지난 후, 그의 아버지는 아들의 난감한 상황을 발견했고 서둘러 그를 침대에 다시 뉘어주었다. 샤워 한번 해 보겠다는 그의 생각은 참으로 어이없고 웃긴 일이 되어버렸다. 다시 침대에 누운 그는 안도의 한숨을 내쉬었지만, 자신에게 유일하게 안전한 일은 침대에 누워있는 것뿐이라고 생각하자 한없이 처량해졌다.

Melancholy in the box :
우울의 원인을 밝히는 보물상자

인슐린이 부족하면 당뇨병이 생긴다는 사실은 누구나 알고 있다. 이 때문에 당뇨병을 치료하려면 혈액 속의 인슐린 양을 증가시키고 수치를 안정적으로 유지하면 된다. 그러니 당뇨병은 분명 하나의 발병 원인을 가진 질병이다. 하지만 우울증의 발병 원인은 어느 한 가지로 확실하게 규정지을 수 없다.

지금부터 나는 내 보물상자를 꺼내어 놓을 생각이다. 그것으로 우울증의 발병 원인을 하나하나 꿰뚫어 보겠다.

상자 속 물건 하나 : 심리적 발병 원인

심리적 발병 원인부터 살펴보자. 심리학은 크게 '행동주의, 정신분석주의, 인본주의' 유파가 크게 삼국을 이루고 있고, 그 외 '인지주의, 기능주의, 형태주의' 등의 작은 '제후국'들이 각각 유파를 형성하여 논쟁하고 있다. 그렇다면 파별로 몇 가지 대표적인 원인을 알아보자.

먼저 '행동주의'다. 일찍이 행동주의는 '습관성 무력증'을 이용해 '인간은 왜 사회교류의 두려움에 시달리는가!' 하는 문제를 해석했는데, 여기에서는 그것으로 '인간은 왜 우울한가!'에 대해 설명하겠다. 먼저 행동주의에서 말하는 '습관성 무력증'이 무엇인지 아래의 실험으로 알아보자.

개를 상자 안에 가두고 상자 문을 닫은 뒤 전기 막대로 전기 충격을 가한다. 그러면 개는 격렬하게 움직이며 울부짖고 이리저리 날뛰며 부딪친다. 그러면서 얼른 그 상황에서 벗어나려고 안간힘을 쓰지만, 결국 빠져나갈 곳을 찾지 못해 의미 없는 몸부림을 계속한다. 그 후 똑같은 실험을 여러 번 반복적으로 진행한 뒤에, 다음과 같이 실험 내용에 약간의 변화를 준다.

이번에는 개를 가둔 상자의 문을 열어놓고 전기 막대로 충격을 가한다. 그러자 개는 또다시 격렬하게 움직이며 울부짖지만, 이리저리 날뛰거나 부딪치지는 않는다. 상자의 문이 열려 있는데도 개는 도망칠 생각을 하지 않고, 그저 상자 안에서 전기 충격이 끝날 때까지 절망적으로 울부짖기만 한다. 개는 이미 자신이 처한 환경을 통제할 수 없다는 생각에 도망갈 기회가 있음에도 노력조차 하지 않고 그대로 전기 충격을 견디는 것이다. 바로 이것이 '습관성 무력증'이다. 이미 몸에 밴 습관처럼 무력함을 느끼는 것이다.

완벽하고 순탄한 인생이란 없다. 살다 보면 누구나 이런저런 공격과 상처를 받는다. 그러나 이런 일이 지나치게 빈번하게 일어나거나 오랫동안 계속된다면, 자신이 처한 상황을 자신도 어쩔 수 없다는 생각에 무력감을 느낀다. 그 결과 상황을 적극적으로 제어하려고 노력하지 않는다. 마치 실험 속의 개처럼 전기 충격의 횟수가 많아지고 고통이 심하며 괴로운 시간이 길어지면, 반항을 하거나 상황을 바꿀 기운조차 잃어버리고 무참히 짓밟히는 것과 같다. 사람들이 힘든 일을 겪고 나면 신앙에 의지하는 것도 이런 이유에서다. 자기 스스로 상황을 어찌할 수 없으니 그저 '신에게 모든 것을 맡기는 것'이다.

수많은 우울증 환자들이 이런 습관성 무력증을 가지고 있으며, 스스로 자기 주변을 좌우할 능력이 없다고 믿으면서 점점 의기소침하고 우울해진다. 예를 들어 어머니를 잃은 아이는 이 세상에는 자기 힘으로도 어쩔 수 없는 일들이 너무 많음을 깨닫게 된다. 어머니를 잃었다는 것은 아이가 가장 가까운 사람을 잃어 버렸음을 의미할 뿐만 아니라 가정의 불안과 파괴를 의미한다. 만약 아버지가 아이를 잘 돌보지 못한다면 아이는 장기적으로 불안정한 상태에 놓이게 된다.

그만큼 어린 시절에 가까운 이의 죽음을 겪으면 우울증에 걸리기 쉽다고 해석할 수 있다. 이와 마찬가지로 늘 남편의 가정폭력에 시달리던 부인은 남편의 구타에 무력함을 느끼며 거기서 도저히 빠져나올 수 없다고 생각한다. 학대받는 부녀자들이 우울증을 겪을 확률이 높은 이유도 이 때문이다.

솔로몬의 사례를 보면, 그는 분명 어머니의 죽음, 실연, 질병과 같은 세 차례의 고통이 발병하기 전에는 인생의 상처를 받지 않았다. 하지만 잇달아 그런 상처를 받게 되자 습관성 무력증을 느꼈고 더 나아가 우울증에 걸리고 말았던 것이다.

이제 정신분석주의 유파인 프로이트의 견해를 살펴보자. 프로이트는 이렇게 말했다.

"우울함은 일종의 마음속 '분노'라고 할 수 있다. 우울한 사람들에게는 무의식적인 분노와 적의가 마음속에 존재하는데 단지 그들이 스스로 모를 뿐이다. 가령 그들은 분노와 적의가 쌓여 주변의 누군가와 무자비하게 싸우고 싶을 때도 있다. 그러나 사람들은 애초에 그렇게 행동하지 못하도록 말리는 사회 기준과 가치 관념을 갖고 있다. 이로 인해 가슴 속의 분노가 밖으로 표출되지 못하고 속에 쌓이면 스스로에게 화풀이를 하게 된다. 우울함이란 사실 '화'가 폭발하여 나오는 것이다."

이번에는 인지주의의 견해를 살펴보도록 하자. 우선 아래의 도표를 보자.

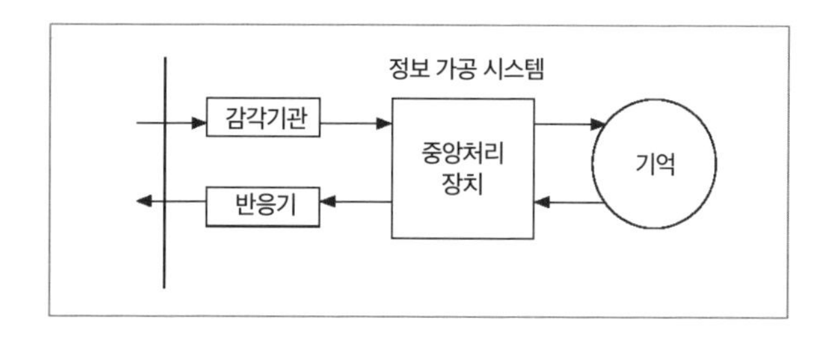

인지주의 유파에서는 사람의 마음도 컴퓨터와 같다고 보고 정보 가공 시스템인 중앙처리장치가 있다고 생각했다. 그래서 똑같은 일을 겪어도 사람마다 다른 중앙처리장치가 있어서 반응 또한 같지 않다고 보았다. 또한 인지주의에서는 사람들이 우울한 이유를 그들의 '중앙처리장치'가 고장 났기 때문이라고 생각한다. 그 원인을 좀 더 자세히 파고들면 '귀결 태도'의 차이에서 비롯되었다고 결론짓는다.

그렇다면 '귀결 태도'란 무엇일까? 간단히 말해 '앞에서 벌어진 일을 도대체 누구의 책임으로 돌리느냐' 하는 문제다. 우선 아래의 도표를 보자.

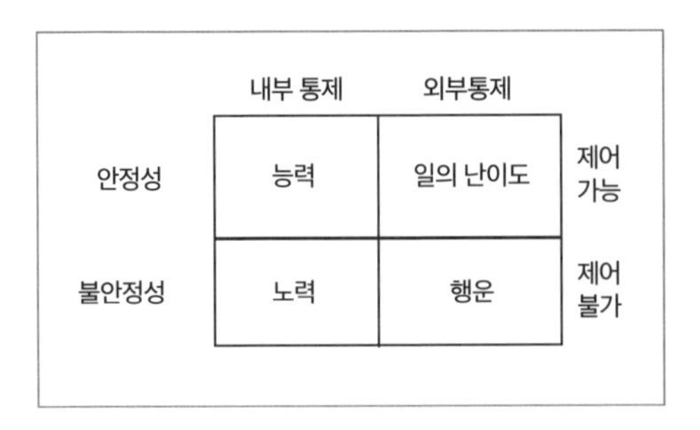

표만 보면 이해하기 어려우므로 하나하나 설명하겠다. 먼저 내부 통제와 외부 통제를 살펴보자. 내부 통제란 바로 자신과 관련된 원인으로, 개인의 능력, 노력, 흥미, 태도 등을 가리킨다. 외부 통제란 외부적인 환경 요소로, 예컨대 일의 난이도, 외부에서 받는 격려와 징벌, 행운 등을 가리킨다. 이러한 '내부 통제'와 '외부 통제'는 각각 안정과 불안정 두 부류로 나눈다. 안정은 개인 능력과 일의 난이도처럼 제어가 가능하다. 하지만 불안정은 노력이나 행운처럼 자신이 제어할 수 없는 것을 가리킨다. 도표의 가로줄을 보면 알 수 있을 것이다.

어떤 사람이 성공했을 때 성공의 원인을 '내부 통제와 안정성'으로 귀결 지으면 성취감이 가장 크다. 왜냐하면 '내부 통제와 안정성'이 가리키는 것은 '능력'이기 때문이다. 이럴 때 마음속에는 '나는 천재야. 내가 아니면 누가 해내겠어.'와 같은 느낌이 분명히 있다.

이어서 성공의 원인을 '내부 통제와 불안정성'으로 귀결 지으면 성취감이 처음보다 조금 못 미친다. 그것이 가리키는 것은 '노력'인데, '부지런함으로 재능의 부족함을 보완'했기 때문이다.

만약 자신의 성공을 '외부 통제와 안정성'으로 귀결을 지으면 성취감보다는 어느 정도 요행 심리가 있는 것이다. 이때 그것이 가리키는 것은 '일의 난이도'이다. 다행히 일이 쉬워 좋은 결과를 얻을 수 있었다고 생각하는 것이다.

성취감이 가장 낮은 것은 '외부 통제와 불안정성이다. 이때의 성공 여부는 완전히 행운의 문제이기 때문이다. 자신의 능력이 있든 없든, 일의 난이도가 어렵든 쉽든 모든 것이 그저 운이 좋아 생긴 것으로 생각하는 것이다.

똑같은 원리를 실패의 원인에 적용해 보자. 한 사람의 실패 원인을 '내부 통제와 안정성'으로 귀결 짓는다면 그가 느끼는 좌절감은 몹시 크다. '능력'이란 어느 정도 타고난 소질을 포함하고 있는데, 그것은 단기간 내에 절대 바꿀 수 없는 것이기에 좌절감만 안겨줄 것이다. 대신 '내부 통제와 불안정성'으로 귀결 지으면 좌절감은 조금 줄어든다. '까짓것 앞으로 노력하면 되겠지' 하는 마음 상태다. 실패의 원인을 '외부 통제와 안정성', 그리고 '외부 통제와 불안정성'으로 귀결 지으면 좌절감은 더욱 줄어든다. 이것은 다른 곳에 책임을 미루는 변명과도 같다. 아Q정신(노신의 소설 『아Q정전』의 주인공 아Q의 무력감과 노예근성을 비판하며 이름 붙인 '정신승리법'을 가리킨다. -옮긴이)을 농후하게 띠는 것이다.

우울증 환자의 귀결 태도는 다음 두 가지 방식으로 확실히 고정되어 있다. 성공의 요인은 무조건 '외부 통제와 불안정성'으로 귀결 지어 '모든 것을 행운 덕분'이라고 생각하고, 실패의 원인은 항상 '내부 통제와 안정성'으로 귀결 지어 모든 것이 '자신의 능력이 부족한 탓'이라고 생각하는 것이다.

"운이 좋아서 좋은 성과를 얻었다. 하지만 내가 너무 어리석어서 실수가 있었다. 도저히 용서가 안 된다."

이런 마음을 갖는다면 얼마나 우울할지는 충분히 짐작할 수 있을 것이다.

상자 속 물건 둘 : 생물적 발병 원인

여러 해 동안 가벼운 우울증을 앓고 있던 한 여성은 이렇게 말했다.

"약을 먹어서 우울한 감정을 치료할 수 있다는 사실을 알게 되었을 때 (그녀는 가슴이 찢어지는 듯한 슬픔에서 이제 막 벗어난 상태였다.) 나는 크게 한숨을 돌렸다. 그토록 우울했던 내 감정들이 내분비 장애로 인한 것이라서, 감기에 걸렸을 때처럼 치료만 받으면 된다는 사실을 깨달은 것이다. 모든 게 내 잘못이 아니었다. 그저 생물작용이었던 것이다."

'생물작용'이라는 말은 인간의 혐오스런 행동, 늙는 것에 대한 두려움, 실연, 타인에 대한 증오 때문에 생겨나는 온갖 나쁜 감정의 책임을 다소 덜어준다. 그래서 일단 '생물작용'과 연관시키면 사람들은 죄책감에서 쉽게 벗어날 수 있다. 그런데 실제적으로 우울증의 발병 원인이 내분비 계통과 확실한 연관이 있다는 사실이 장시간의 과학연구 결과 밝혀졌다.

즉, '생물작용'이 우울증의 발병 원인 중 하나가 될 수 있다는 것이다. 다음의 도표는 내분비 균형과 우울함과의 관계를 보여준다.

혈청소 ↓ ↔ 부신 코르티솔 ↑ ↔ 우울함 ↑

혈청소가 감소하면 부신 코르티솔cortisol(일명 스트레스 호르몬)이 증가하고 우울함이 가중되는데 이 세 가지 일은 동시에 발생한다. 사실 혈청소가 감소하면 우울한 건지, 아니면 우울함이 혈청소의 감소를 야기하는지는 아무도 모른다. 마치 닭이 먼저냐 달걀이 먼저냐를 따지는 것과 마찬가지다.

일반적인 상황에서 부신 코르티솔의 분비는 매우 규칙적이다. 이것은 24시간을 주기로 아침에 가장 수치가 높았다가(이것 때문에 당신은 일어날 수 있다) 낮에는 점점 내려간다. 그런데 우울증 환자의 체내 부신 코르티솔은 온종일 수치가 높다. 수치를 조절하는 시스템에 문제가 있기 때문이다. 우울증 환자들이 아침에 가장 큰 두려움을 느끼고, 우울한 감정이 온종일 계속되는 원인도 이것으로 설명할 수 있다.

한번은 노르웨이에서 온 한 친구가 나에게 아주 재미있는 이야기를 들려주었다. 노르웨이의 어느 작은 마을은 지리적으로 위도가 높아 일조시간이 짧고 흐리거나 비 오는 날이 많아서 일 년에 햇빛을 볼 수 있는 날이 많지 않다고 한다. 그래서 그곳에 사는 사람들은 쉽게 우울증에 걸리는데, 그런 우울증에서 벗어나기 위해 제한 없이 빈번하게 성관계를 맺는다는 것이다. 따라서 그런 행동에 도덕이나 감정의 속박 따위는 존재하지 않으며, 단지 서로가 서로를 돕는 일이라고 여긴다.

그 말을 듣고 나는 곧바로 계절성 우울증이 떠올랐다. '계절성 우울증'은 말 그대로 특정한 계절이 되면 발작하는 우울증으로, 계절 중에서는 겨울에 우울증이 가장 많이 생긴다. 수많은 동물이 추운 겨울을 어렵게 보내는 것과 마찬가지로, 우울증은 길고 지루한 겨울 동안 사람들에게 새로운 의욕과 희망의 발걸음이 솟아나는 것을 방해한다. 그래서 몇몇 사람들은 꽃 피는 봄을 기다리지 못한 채, 시린 겨울날 조용히 생을 마감하려는 잘못된 선택을 한다.

계절성 우울증을 만든 장본인은 바로 멜라토닌melatonin이다. 멜라토닌이 숙면을 돕는 호르몬이라는 사실은 익히 알고 있다. 흔히 볼 수 있는 숙면 보조 건강식품의 주요 성분도 바로 멜라토닌이다. 그런데 이 멜라토닌은 빛을 받으면 분해되는데, 이로 인해 어두울 때 많이 생산된다. 그래서 일조량이 적은 겨울철에는 멜라토닌의 생산이 더욱 증가하고 이로 인해 사람들은 더욱 우울하게 된다.

우울증의 생물적 발병 원인은 솔로몬의 사례를 설명하기에 적합하다. 기억하듯이 솔로몬은 어린 시절 사이좋은 부모에게서 사랑을 듬뿍 받았으며 형제지간에도 우애가 좋았다. 한마디로 부족함 없는 행복한 유년 시절을 보낸 것이다. 그럼에도 솔로몬은 말로 표현할 수 없는 불편함을 느꼈다. 나무 아래에서 갑자기 목숨을 잃을 것 같은 공포를 경험하기도 했다. 사실 이 문제는 생물적 발병 원인으로 설명할 수 있다. 심리적으로 아무 문제 없이 행복했던 어린 솔로몬에게 어쩌면 체내 호르몬 분비 균형에 문제가 생겼을지 모른다.

우울증이 좋아하는 인류는 따로 있다

심리적 발병 원인과 생물적 발병 원인의 해석 이외에, 천성적으로 타고난 '우울증 유망주'도 있다.

사람에게나 동물에게는 각자 민감하게 느끼는 부분이 있다. 내 이야기를 살짝 하자면 나는 파인애플 알레르기가 있어서 파인애플이 들어있는 각종 음식을 먹기가 힘들다. 또한 모기의 뾰족한 주둥이는 온도에 민감해 열이 많은 사람에게 달라붙는 성향이 있다. 이처럼 질병도 그것이 편애하는 사람들이 있다. 우울증도 마찬가지다. 우울함의 '뾰족한 주둥이'는 일반적으로 어떤 사람에게 꽂힐까? 안타깝게도 여성이다.

여러 가지 생리적, 외적 요인으로 인해 여성이 우울증에 빠질 확률은 남성의 두 배나 된다. 심지어 여성들만이 앓는 우울증도 많은데, 대표적으로는 산후우울증, 생리 전 우울증, 생리 중 우울증이 있다. 실제로 출산을 경험한 여성의 약 10%가 심각한 산후우울증에 빠진다고 한다. 이제 막 엄마가 된 여성은 걸핏하면 울고 초조해하며 화를 잘 낸다. 게다가 갓 태어난 자신의 아기에게 냉담해지기도 한다. 그녀들이 이런 행동을 하는 일부 원인은 출산 과정에서 체내의 애정 호르몬을 전부 다 써버렸기 때문이다. 이것은 어느 정도 시간이 지나야 비로소 회복된다. 게다가 출산이란 여간 힘들고 피로한 경험이 아닐 수 없다. 눈물이 쏙 빠질 만큼 힘든 고생을 끝내고 나면 누구라도 무기력해지기 마련이다.

한 연구에 따르면, 남성은 여성에 비해 혈청소를 합성하는 속도가 50%나 빠르다. 그래서 남성은 기분을 회복하는 능력이 여성보다 훨씬 빠르다. 반면에 여성은 혈청소가 쌓이는 속도가 비교적 느려서 우울증에 걸려도 빠져나오기가 어렵다. 남성과 여성은 생리적인 차이뿐만 아니라 사회적 역량이나 권력 지위에서도 명확한 차이가 있다.

여성이 남성에 비해 우울증에 잘 걸리는 또 하나의 원인은 그녀들이 항상 권리를 쉽게 박탈당하는 데 있다. 남성이 지배하는 세상에서 여성은 고되게 살아간다. 게다가 여성들은 신체적인 열세로 자신들을 스스로 보호하기 힘들고, 약한 체격 때문에 폭력의 피해자가 되기 쉽다. 또한 상대적으로 독립적이고 자주적인 공간이 부족하며, 자신의 감정과 인생의 가치 대부분을 감정을 다스리거나 가정을 유지하기 위해 쓴다. 비록 성공해서 자기 발전의 공간을 가지고 있는 여성이라고 해도 여전히 일과 가정의 균형을 유지하는데 바빠서 숨 돌릴 새가 없다. 전업주부 역시 직업여성만큼 스트레스를 받으며 우울증을 앓을 비율은 거의 비슷하다.

예전에 '우울한 캥거루의 자살'이라는 타이틀의 뉴스가 있었다. 어떤 관광객이 오스트레일리아의 한 해변에서 왠지 슬퍼 보이는 캥거루 한 마리를 발견했다. 그는 오랫동안 바다를 바라보며 해변에 서 있는 캥거루의 모습이 신기해서 카메라로 사진을 찍기 시작했다. 그런데 얼마 후 아무도 예상치 못했던 일이 펼쳐졌다. 놀랍게도 이 캥거루는 바다 쪽으로 조금씩 뛰어들고 있었다. 캥거루는 잠시 주저하는 듯하더니 뒤도 돌아보지 않고 용감하게 바다로 나아갔다. 파도가 캥거루를 완전히 삼킬 때까지 말이다.

만약 그 캥거루가 정말로 우울증을 앓았다면, '우울함'이라는 요괴는 그야말로 인류의 죽음을 야기하는 제2대 발병 원인으로 기록되고 모든 생물계를 재앙으로 몰아넣을 것이다. 그러나 세상 만물에는 상생상극相生相剋의 이치가 존재하므로 '우울함'에도 곧 천적이 출현하게 될 것이다!

정교한 무기로 우울증이라는 '요괴'를 처단하다

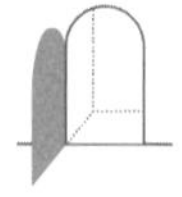

천하무적의 '인지-행동' 전술

우울함이라는 요괴가 인류의 멸종을 야기하는, 아니 더 나아가 지구상의 모든 생물을 전멸시킬지 모르는 새로운 질병으로 등장했다. 그러나 겁낼 건 없다. 우리에게는 이 '요괴'를 처단할 강력한 무기가 있다. 바로 '인지-행동' 전술이다. 이 '인지-행동' 전술은 인지주의와 행동주의가 서로 결합한 산물이다. 이 '전술'은 그야말로 막강하다. 우리에게 고장 난 '중앙처리장치'를 고치거나 '습관성 무력증'을 깨뜨릴 방법을 알려주기 때문이다.

먼저 인지 부분에 대해 말하면, '중앙처리장치'를 고치는 방법은 모두 3단계로 나뉠 수 있다.

1단계 : 현재 상태를 기록하라

1단계, 중앙처리장치를 수리하고 싶다면, 제일 먼저 그곳에 문제가 생겼다는 사실부터 인식해야 한다. 그런데 이 일은 우울증 환자들에게는 어느 정도 난도가 있는 일이다. 그들의 수많은 생각은 의식의 통제 범위를 벗어나 있어서 부정적인 사유 방식이 자연스러운 일이라 무엇에 문제가 있는지 파악하기 어렵기 때문이다.

그렇다면 어떻게 해야 할까? 일단 글로 써보는 것이다. 이런 경우 치료사는 환자에게 한 가지 숙제를 내주는데, 그들이 슬프거나 우울함을 느낄 때마다 당시의 기분을 꼼꼼하게 기록해 보라고 지시한다. 예를 들어 다음과 같다.

날짜	사건	감정	자신의 생각
4월 4일	사장이 화가 난 것 같다	슬픔, 우려	에이, 내가 대체 뭘 한 거지?
		걱정	자꾸 그를 화나게 한다면 회사에서 잘릴 거야.
4월 5일	남편이 내게 너무 무뚝뚝하다	괴로움	내가 너무 뚱뚱한 게 보기 싫다.
4월 7일	사장이 어떤 직원과 언성을 높이며 충돌했다	걱정	다음번엔 내 차례야.
4월 9일	남편이 다음 달에 멀리 지방으로 출장을 간다고 했다	슬픔	아무래도 그가 바람난 것 같아.
		좌절감	내 결혼생활은 이제 끝났어.

4월 10일	이웃이 케이크를 가져왔다	좋기도 했지만 짜증이 더 났다	그녀는 내가 이런 케이크를 못 만들 거라고 생각하겠지. 그냥 평범한 케이크로밖에 안 보이는데. 게다가 그녀가 이걸 들고 우리 집에 왔을 때 집안 꼴이 정말 엉망진창이었어.

이렇게 의사가 지시한 대로 자신의 감정을 적고 나자 이 우울증 환자는 매번 사장이 자신에게 약간만 화를 내도 해고당할 거라는 절망적인 생각을 한다는 사실을 깨달았다. 놀라운 것은 당시에는 자신도 전혀 의식하지 못했던 감정이라는 것이다.

평소 일상생활의 감정적인 문제를 해결할 때도 이와 똑같이 하면 효과적이다. 가령 자신에게 언짢은 일이 생기면 곧바로 펜을 들어 그것에 관해 써두는 것이다. 그런 다음 그것을 단서로 삼아 마음이 불편했던 원인을 제대로 알아내서 문제를 해결한다.

2단계: 문제의 원인을 파악하라

이렇게 중앙처리장치에 문제가 있다는 걸 인식했다면, 2단계는 그보다 한 걸음 더 나아가서 그 문제가 어디서부터 비롯되었는지 알아보는 것이다. 항상 보게 되는 '고장'의 원인은 다음과 같다.

· 전체 아니면 하나 : "오늘 일은 모두 실패했어. 다 망친 날이야."

모든 것을 흑백논리로 생각하고, 완벽하지 않으면 자신을 철저한 실패자라고 여긴다.

· **지나친 일반화 : "오늘 이렇게 실패로 끝나다니, 이 일은 앞으로 절대로 못 할 거야."**

자라 보고 놀란 가슴 솥뚜껑 보고 놀라는 것처럼 단 한 번의 부정적인 사건을 영구적인 실패 유형이라고 못 박는 것이다.

· **심리 투과 : "오늘 업무도 망치니까 일상도 엉망이네. 뭐 하나 되는 일이 없는 하루구나."**

하나의 사소하고 부정적인 생각을 붙잡고 늘어져서 현실의 모든 견해를 부정적으로 보는 것으로, 미꾸라지 한 마리가 온 웅덩이를 흐려 놓는 격이다.

· **'햇빛' 거부 : "내가 하기 싫다는데, 네가 나를 어쩔 거야?"**

건설적인 체험을 거부하고, 체험들을 거부할 이유를 찾는다.

· **적당한 마무리 : "그가 나를 얕잡아 본 것이 분명해."**

자신의 결론을 지지할 아무런 증거가 없으면 그 일에 대해 스스로 소극적으로 해석해 버린다. 타인의 마음을 제멋대로 추측하고, 어떤 사람이 자신에 대해 나쁘게 생각한다며 주관적이고 독단적으로 판단한다. 그러면서도 정확한 실태를 파악하려고 하지는 않는다.

· 엇나간 추측 : "이 일이 틀렸다는 걸 진작부터 느꼈다니까."

스스로를 용한 점쟁이라고 여기지만, 상황 예측은 별로 신통치 못하다. 그럼에도 자신의 예측을 마치 사실인 것처럼 단정 짓는다.

· 쌍안경 착각 : "역시 다른 사람이네. 나는 뭘 해도 저렇게 못 할 거야."

다른 사람의 성과나 자신의 실수는 더 이상 과장할 수도 없을 만큼 크게 부풀리고, 자신의 장점이나 타인의 결점은 더 이상 작아질 수도 없을 만큼 축소시킨다. 남의 것은 무조건 마음에 들어하고, 자기 것은 무엇이든지 간에 못마땅하게 여긴다.

· 기분을 추리하는 탐정 : "내가 이렇게 느끼는 거면 내 생각이 맞아. 틀림없어!"

자신의 기분을 잘 추리한다. 가령 자신의 부정적인 기분이 사물의 실제 상황에도 반영된다고 가정한다.

· 꼬리표 붙이기 : "이런 일도 못 하다니, 나는 정말 바보야. 루저라고."

일 자체를 따지지 않고 사람만 두고 평가한다. 만약 자신이 잘못을 하면 실수라고 생각하지 않고 먼저 자신에게 꼬리표를 붙인다. 또한 누군가의 실수로 자신에게 성가신 일이 생기면 속으로 상대방을 굉장히 미워한다. 하지만 천 명의 적을 무찌르면서 팔백 명을 잃는다는 말이 있듯이, 무슨 이유에서든 사람을 지나치게 미워하면 그 분노의 화가 자신에게 화상을 입힐 수 있다.

3단계: 중앙처리장치를 수리하라

마지막 3단계는 '중앙처리장치'의 고장을 수리하는 일이다. 이때 심리치료사는 환자들에게 일련의 문제를 제기하며 그들이 보는 시각을 바꾸도록 도와준다. 예를 들어 심리치료사는 이렇게 물을 수 있다.

"당신이 생각하는 것처럼 사장이 정말로 당신에게 화가 났다는 사실을 증명할 수 있습니까? 다른 이유는 전혀 없을까요? 만약 진짜로 당신에게 화가 났다면 당신은 어떻습니까? 또 무엇을 할 수 있을까요?"

그러면 환자는 이런 질문을 바탕으로 자신의 생각을 되돌아보고 여러 각도에서 문제를 보려고 노력할 것이다. 가령 '사장은 어쩌면 나와는 전혀 상관없이 회사 경영 때문에 스트레스가 심해서 화가 났을지도 모른다.', '만약 나에게 진짜로 화를 냈다면, 그것은 내가 아니라 내 업무 때문일 수 있다. 그렇다면 서둘러 업무를 조정하거나 바꾸면 된다.', '정말로 나를 해고하면 또 어쩌겠는가? 새옹지마라고, 이 세상에 내가 일할 곳이 여기밖에 없겠는가!'

여기까지가 인지하는 전술이다.

이제는 행동 전술을 살펴보겠다. 혹시 이런 생각을 하는 사람이 있을지도 모르겠다. 안 좋은 일들을 많이 경험하고 수차례 거부를 당해서 자신도 어찌할 수 없다는 절망감을 느끼며 기회가 오더라도 노력하지 않는 것이 습관성 무력증이라고 한다면, 이를 완전히 뒤집어서 새로운 가설을 만들 수 있지 않느냐고 말이다. 즉, 끊임없이 긍정적인 경험을 하고 수차례 건설적인 확신을 얻으면, 때때로 좌절이 엄습해도 두려워하지 않고 이후의 삶을 낙관적으로 바라보지 않을까 하는 것이다.

그런데 이러한 가설에 이미 동의한 사람이 있다. 바로 미국의 심리학자이자 신행동주의 학습이론의 창시자인 스키너Burrhus F Skinner다. 스키너는 대단히 유쾌한 할아버지다.

그는 매우 유명한 '강화强化 이론'을 펼쳤다. 이 이론의 핵심은 '좋은 것이든 나쁜 것이든 자신을 수차례 강화시키면, 어떤 행동에도 나는 그것에 통제될 수 있다'는 것이다. 즉, 스키너는 행동의 변화가 생기는 것은 모두 강화작용 때문이라고 생각했으며, 그렇기 때문에 강화작용을 통제하는 것이 바로 행동을 통제하는 것이라고 했다.

그런 면에서 보면 우리의 부모나 어른들이 어린 자녀들을 교육했던 방식은 상당히 '고단수'라고 할 수 있다. 부모가 자식에게 "이 야채를 다 먹으면 간식을 줄게.", "숙제를 다 하면, 게임도 할 수 있다."라고 말하는 것은 바로 강화이론 중의 '프리맥Premack 원리'로, 선호하는 활동을 이용해 덜 선호하는 활동을 강화하는 원리다. 다시 말해 좋아하는 일을 이용하여 싫어하는 일을 강화한다는 것이다.

'인지-행동' 요법의 '행동' 부분은 바로 이 강화 이론을 이용한 것이다. 예를 들어 어떤 사람이 항상 '상대방이 화를 낼까 봐 내가 필요한 것을 부탁하지 못하겠다'라고 생각하면, 시간이 지날수록 그는 남에게 간단한 요구도 하지 못하게 된다. 제아무리 합리적인 요구라고 해도 말이다. 그럴 경우 심리치료사는 환자에게 합리적인 요구 행위를 반복적으로 연습할 수 있도록 도와준다. 동시에 대부분의 상황에서 긍정적인 피드백을 해 주어 환자의 잘못된 생각을 바로잡고 행동을 바꾸게 만든다. 이와 같은 '인지-행동' 요법을 실시하면 통상적으로 우울증 환자의 60~70%는 효과적으로 병세가 호전된다.

그렇다면 우울증이라는 요괴를 물리칠 또 다른 무기에 대해 살펴보자.

단기적 충격 요법 _ 전기 전술

전기 전술의 원래 이름은 '전기 충격 요법ECT: Electroconvulsive Therapy'이다. 이것은 처음에 정신분열증 치료에 이용되었는데 그 치료과정은 다음과 같다.

우선 환자에게 마취제와 근육 이완제를 주사한다. 그러면 환자가 경련을 일으켜도 근육의 격렬한 수축이 발생하지 않는다. 그런 후에 환자의 머리에 금속 전극을 묶고 70~130볼트의 전류를 대뇌에 흐르게 한다. 그러면 환자는 약 1분 정도 쉬지 않고 몸을 떨게 된다.

전기 충격 요법은 약물치료에 민감하지 않은 환자에게 쓰이며 이런 환자들의 50~60% 정도는 증상이 완화된다. 그런데 효과적이기는 하지만 동시에 몇 가지 점에서 논란이 되는 치료방법이기도 하다.

우선 이 방법은 예전에 통제하기 어려운 환자들을 처벌하기 위해 사용했다는 점이다. 영화 「뻐꾸기 둥지 위로 날아간 새One Flew Over the Cuckoo's Nest」나 미국 드라마 「아메리칸 호러 스토리 시즌 2」 중에서도 이런 장면이 나온다. 또한 이 방법은 단기기억에 혼란을 줄 수 있으며 장기기억에도 영향을 미칠 수 있다.

사람의 기억은 '순간 기억, 단기기억, 장기기억'으로 나뉜다. 순간 기억은 감각 정보를 대략 0.25~2초 정도 보존할 수 있을 만큼 극도로 짧다. 예를 들어 우리가 영화를 볼 때 스크린상에 나타나는 것은 실제로 한 컷 한 컷의 정지된 이미지가 나열되는 것이다. 그 이미지를 연속적으로 방영하면 우리는 움직이는 화면을 볼 수 있는데, 이것은 순간 기억이 존재하기에 가능한 결과다. 단기기억은 순간 기억과 장기기억의 중간 단계로, 대략 5초에서 2분 정도 지속된다. 일반적으로 생소한 전화번호가 대뇌 속에 머물러 있는 시간이다. 장기기억은 일종의 영구적인 저장으로 보존시간은 1분에서부터 여러 해, 심지어 평생이 될 수도 있다. 장기기억은 대부분 단기기억의 가공을 거쳐 전환되며 매우 인상 깊은 것은 단번에 얻기도 한다.

이러한 전기 충격 요법이 불러일으키는 기억의 혼란은 대개 순간적이다. 그러나 몇몇 환자들은 오랫동안 기억에 혼란이 생기고 영원히 기억을 잃을 수도 있다. 예전에 어떤 변호사는 전기 충격 요법을 받은 후에 로스쿨에서 배운 기억을 모두 잃어버렸다고 한다. 그녀는 법학 지식뿐만 아니라 어떤 학교를 다녔는지,

또 어떤 친구를 사귀었는지조차 기억하지 못했다. 이것은 매우 드물고 극단적인 사례이지만 어쨌든 실제로 발생했고 참으로 불행한 일이었다.

'인지-행동' 요법과 전기 충격 요법 외에도 약물치료와 인간관계 요법 등도 있다. 우울증의 발병 원인이 단 하나가 아닌 것처럼, 우울증의 치료방법도 다양한 수단을 종합적으로 운용해야 더욱 효과적으로 '우울한 마음'을 사라지게 할 수 있다.

조증과 울증을 오가는
감정의 롤러코스터

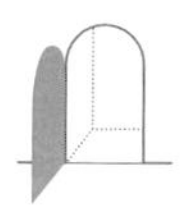

인터넷을 떠들썩하게 만든 일이 발생한 적이 있다. 중국 베스트셀러 『도묘필기盜墓筆記』의 작가인 '남파삼숙南派三叔(본명 쉬레이)'이 자신의 블로그에 이런 글을 남긴 것이다.

"4월 16일. 10년간의 결혼생활을 끝내려고 합니다. 이 모든 책임은 저에게 있습니다. 사실 저는 2012년부터 바람을 피웠습니다. 저는 인간쓰레기입니다. 죄송합니다. 그동안 분에 넘치는 사랑을 주셔서 고마웠습니다."

하지만 얼마 후 그의 아내가 블로그에 다음과 같은 글을 올렸다.

1. 저희는 이혼하지 않았습니다.
2. 남파삼숙은 2011년 말부터 초기 정신분열 및 조울증을 앓기 시작했고 줄곧 치료를 거부했습니다.
3. 올해 초부터 그는 논리적 사고의 혼란과 망상이 행동으로 나타나고 있습니다. 이 점에 대해서는 공식적인 성명이 있을 예정입니다.
4. 저와 저희 가족들은 현재 그에게 입원치료를 받으라고 열심히 설득 중입니다.

그리고 또 얼마 뒤에는 남파삼숙의 아버지가 글을 올렸다.

"여러분, 안녕하십니까. 쉬레이는 가족들의 권유로 입원치료를 받기로 결정했습니다.
저희는 아들이 인터넷을 멀리하길 바라고 있습니다. 아직 마무리 못 한 일이 있다면 저희가 대신 전달해 주고 해결하도록 하겠습니다. 언론의 접근을 피하기 위해서 당분간 아들이 입원하고 있는 지역과 병원명은 공개하지 않겠습니다."

이 세 글을 보고 여러분은 무슨 생각이 드는가? 나는 단번에

'그가 조울증이구나!'라고 생각했다. 내가 처음 이 병명을 들은 것은 몇 년 전 어떤 뉴스에서였다. 조울증을 앓고 있던 IBM 중국 직원이 정상적으로 일을 할 수 없어서 회사를 그만두고 IBM과 길고 지루한 소송을 벌였다는 뉴스였다. 당시 나는 심리학에 대한 이해가 부족했기 때문에, 조울증이라는 이름만 듣고서는 그 질환이 일을 못 할 정도로 심각한 병인지를 전혀 이해하지 못했다.

이렇게 생각해 보자. 롤러코스터를 타고 급작스러운 가속, 추락, 상승 같은 경험을 해 보았는가? 그와 마찬가지로 감정상의 변화 때문에 갑자기 우울했다가 갑자기 기분이 격양되기도 하는 것이 조울증이라고 설명하면 확실하게 이해할 수 있을 것이다. 특히 조증이 나기 시작하면 무슨 일을 하든 지나치게 활력과 열정이 넘치고, 한꺼번에 밀려드는 생각 때문에 극도로 흥분한다. 그럴 때는 말을 하거나 생각하는 속도가 주위 사람은 도저히 따라갈 수 없을 정도로 빠르며 대뇌도 마치 자동차 게임처럼 급속도로 회전한다.

사실 역사적으로 매우 많은 저명인사들, 가령 몇몇 이름난 작곡가들도 조울증을 앓았는데, 그들이 조증 발작을 일으킬 때는 최고의 예술품을 만들어내기도 했다. 어쩌면 남파삼숙의 병도 그의 작품 활동에 어느 정도 도움을 주었을지 모른다. 또한 조증이 나면 자신이 세계 최고 자리에 서 있다고 느끼며, 전에 없던 자신감과 자부심이 생긴다. 심지어 어떤 사람은 자신을 마치 중생을 구제할 신이라 여기면서 전 재산을 자선단체에 기부하기도 한다.

그러나 좋은 날은 오래가지 않는 법이다. 조울증을 겪는 환자들은 조증 발작 때문에 지칠 대로 지친 몸을 이끌고 또다시 우울함이라는 극단적인 곳으로 치닫는다. 이렇게 갑자기 우울증이 시작되면 조증과 정반대로 활력과 열정은 온데간데없이 사라지고 말하는 것, 생각하는 것, 행동하는 것이 모두 느려지며, 자신의 인생을 완전히 무미건조하게 느낀다. 마치 세상의 가장 높은 꼭대기에서 단번에 깊고 어두운 심연 속으로 들어가는 것과 같다.

조울증은 이렇게 우울증과 조증이 서로 번갈아가며 악순환을 거듭하는데, 인간의 정상적인 정서로는 도저히 견딜 수 없을 만큼 힘든 고통이다.

이처럼 우울증이나 조울증은 인간의 삶에 끔찍한 재난 같은 결과를 일으킨다. 그런데도 이러한 병에 대한 사람들의 관심은 그것이 초래하는 무서운 결과와는 전혀 어울리지 않게 낮다. 몇몇 연구에서 밝혀진 바에 의하면, 개발도상국의 사람들은 우울한 감정이 '신체적인 불편함'으로 위장되어서, 우울증을 감정 그대로의 슬픔, 의욕상실, 미래에 대한 절망 등으로 보지 않는다고 한다. 예를 들어 엄청난 사회 변화로 스트레스가 많은 중국 사람들은 우울할 때 종종 신경쇠약, 만성두통, 나른함, 가슴 두근거림 등의 신체적 증상이 나타나기 때문에 상대적으로 병의 심각성을 소홀히 하게 된다.

시인 바이런Byron은 어느 날 시각장애인의 옆에 걸려있는 팻말을 하나 보았다. 거기에는 "어려서부터 앞이 보이지 않아 이렇게 구걸하고 있습니다."라는 말이 적혀있었다. 그런데 그의 손에 들려있는 낡은 바구니에는 동전 하나 없이 텅텅 비어있었다. 보다 못한 바이런은 그의 팻말에 적힌 말을 다음과 같이 고쳐주었다.

"봄이 왔지만, 나는 여전히 봄을 볼 수 없습니다."

그러자 길 가던 사람들은 분분히 자신의 주머니를 털었다.

만약 당신이 우울증 혹은 조울증 환자라면, 그래서 옆에 둘 팻말이 필요하다면, 과연 어떤 말을 써서 사람들에게 보여줄 것인가?

사람들은 대부분 잠이 들면 약간의 한기를 느끼는데,
알다시피 그것은 잠이 들면서 체온이 내려가기 때문이다.
그런데 몇몇 사람들은 체온이 도통 내려갈 생각을 하지 않아서
한밤중까지 피로를 느낀다. 마치 어두운 밤의 횃불처럼 체온이
'수면 신호 총'을 불태워 버리는 것이다.

3장

잠을 잘 수 없는 극강의 고통 _수면 장애

"신은 현세에 있어서 여러 가지 근심의 보상으로써 우리들에게 희망과 수면을 주었다."

프랑스 작가이자 철학자, 계몽사상가인 볼테르는 수면을 희망과 더불어 신이 주신 보상이라고 표현했다. 그만큼 수면은 우리에게 중요한 요소이다.

잠을 자는 것은 지극히 일상적인 것이다. 인간은 대략 하루 8시간 정도 수면을 취하니 하루의 $\frac{1}{3}$ 시간, 결국 우리 인생의 $\frac{1}{3}$의 시간을 수면에 쓴다는 것이다. 그러니 이 얼마나 중차대하고도 소중한 시간인가?

하지만 사람들은 수면을 너무 쉽게 생각한다. 심지어 하찮게 보는 이들도 있다. 자는 시간을 아껴서 더 중요하고 보람된 일을 하고 싶다는 것이다.

잠을 제대로 자지 못한 하루를 생각해 보라. 과연 수면이라는 것이 우리의 일상에 어느 정도의 맑고 상쾌한 컨디션에 관여하는지 깨닫게 될 것이다.

등 따습고 배가 불러야
자아실현이 가능한 이유

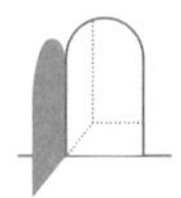

수면을 이야기하기 전에 나는 다소 심오한 '인본주의'에 관해 언급할 것이다. 인본주의는 심리학을 이끄는 트로이카인 '정신분석, 행동주의, 인본주의' 중 하나로 현대인들의 정서 상태와 정신 건강을 이야기할 때 반드시 짚고 넘어가야 할 분야 중 하나이다.

인본주의에서 가장 유명한 인물은 바로 에이브러햄 매슬로ABraham Maslow이다. 그는 인본주의 심리학의 창설자 중 한 사람으로 행동주의나 정신분석 심리학과는 완전히 다른 제3세력 심리학을 주도한 지도자이기도 하다.

먼저 매슬로의 '5단계 욕구 이론'의 각 단계를 살펴보자.

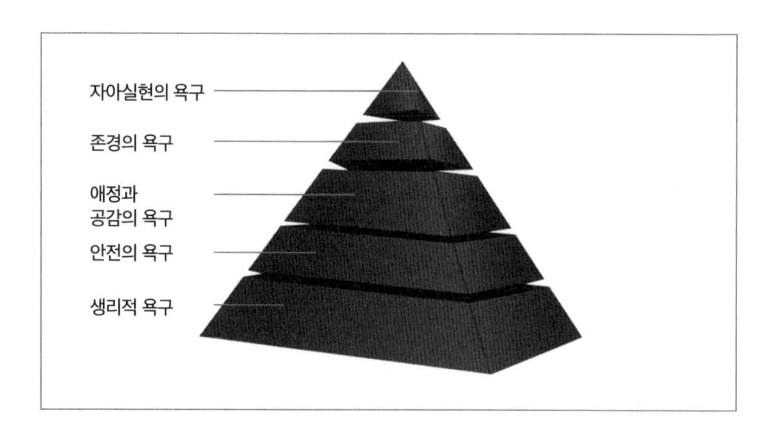

매슬로의 '피라미드'는 상당히 예술적이라고 말할 수 있다. 그는 인간의 욕구를 생리적 욕구, 안전의 욕구, 애정과 공감의 욕구, 존경의 욕구, 자아실현의 욕구로 총 5단계로 나누었다.

첫 번째 단계 : 생리적 욕구

중국의 영화배우이자 감독인 자오번산趙本山의 드라마에는 이런 대사가 나온다.

"입을 것도 먹을 것도 없는데 당신은 꽃단장만 하고 있을 거요?"

생리적 욕구는 대략 이런 의미다. 생리적 욕구란 음식, 물, 공기, 수면, 성행위 등에 대한 욕구로 인간의 욕구 중 가장 강력하다. 사람이 물에 빠지거나 공기가 부족해서 필사적으로 발버둥을 칠 때는 존경이나 자아실현 따위는 전혀 문제가 되지 않는다. 또한 생리적 욕구는 가장 필수적인 것으로 어느 하나라도 부족하면 살 수 없다.

누군가는 이런 질문을 할지 모르겠다. '섹스를 하지 않는다고 죽는 건 아니잖아?' 그런데 주의할 점은 여기서 말하는 '성행위'란 성생활, 성적 쾌락과 같은 '좁은 의미'의 성을 가리키는 것이 아니라, 종種이 장기적으로 생존하는 데에 필요한 '번식'을 의미한다.

매슬로는 이처럼 중요한 생리적 욕구를 '욕구 피라미드'의 밑바탕으로 삼았으며, '기초가 없으면 존재할 수 없다'는 태도를 취하고 있다.

두 번째 단계 : 안전의 욕구

그런데 인간은 단순히 배불리 먹고 잘 자는 것으로는 부족한 것이 많다. 영화 「에이리언」이나 「다이하드」에서는 바로 이 점을 확실하게 보여준다. '기본적인 안전이 보장되지 않는다면 어떻게 살지?'라는 것이다. 바로 안전의 욕구를 원하는 것이다.

안전의 욕구는 안정감, 안전함, 보호, 질서, 두려움이나 초조함을 없애는 것 등을 필요로 한다. 예를 들어 사람들은 비교적 안정적인 직업을 원하고 위험에 대비해 각종 보험에 가입하며 장기여행을 떠나기 전에 각종 장비를 챙기는데, 이는 모두 안전의 욕구를 구체적으로 드러낸 것이다. 만약 자신이 안전하지 않다고 느낀다면 아직 안전의 욕구가 충족되지 않았다는 증거다.

세 번째 단계 : 애정과 공감의 욕구

안전한 환경에서 등 따습고 배부르며 야한 생각을 하던 인간들은 이제 세상과 동떨어져 살 수 없다는 생각에 친구를 사귀거나 연애를 하거나 어떤 단체에 가입해서 사람들과의 감정 관계나 인연을 맺고 싶어 한다. 이것이 바로 '애정과 공감의 욕구'이다. 오랫동안 집에만 박혀 있다 회사에 입사한 이들은 그동안 쌓였던 불만을 이렇게 터트리곤 한다.

'이제 나도 소속이 생겼다고!'

여태까지 결핍되었던 애정과 공감의 욕구를 드디어 만족시킨 것이다.

네 번째 & 다섯 번째 단계 : 존경의 욕구 & 자아실현의 욕구

그렇다면 소속만 있다면 모든 것에 만족할 수 있을까? 보수가 없어도 소속감만으로도 일을 하게 될까? 언뜻 생각할 때 '절대 그럴 수 없다'라고 생각할지 모른다.

이런 일이 있었다. 공산 체제의 동유럽에서는 모든 사람에게 일자리가 있었다. 비록 서방의 기준으로 보면 상당히 낮은 보수를 받았지만, 적어도 그들 대부분은 최소한의 욕구를 충족시킬 수 있었다. 그들은 음식이나 옷을 살 돈이 있었고 살 집이 있었으며 경제, 사회, 개인의 안전 모두 어느 정도 보장을 받았다. 그런데 1980년대 말에서 1990년대 초에 동유럽이 급변하면서 수많은 국영 공장이 노동자들에게 정해진 보수를 제때 지급하지 못했다. 심지어 보수를 전혀 받지 못하는 경우도 있었다. 하지만 일반적인 예상과 달리 대부분의 사람들은 여태까지 해왔던 것처럼 공장에서 계속 일을 했다. 오랫동안 노동에 상응하는 보수를 받지 못한 상황에서도 그들은 왜 일을 하려 했을까?

한 심리학자는 이러한 현상을 매슬로의 욕구 이론으로 설명하며 그들이 일을 계속한 이유는 일 자체가 타인의 존중과 자존감을 얻을 기회를 주기 때문이라고 했다. 경제적인 이유 외에도 사람들은 일에 몰입할 때 즐거움을 느낀다. 일은 자아의 발전과 욕구 만족, 자아실현을 위한 공간을 제공한다. 그래서 사람들은 적어도 '일정 기간' 그런 '정신적 식량'으로도 살아갈 수 있는 것이다. 이것이 바로 '욕구 단계'의 가장 맨 위 두 단계인 '존경의 욕구'와 '자아실현의 욕구'이다.

'존경의 욕구'는 자기 자신은 물론 남에게도 존경받길 원하는 것이다. 이러한 욕구가 충족되면 사람은 활력이 넘치고 사방으로 매력을 발산하며 자신감도 넘친다. 이와 반대로 '자존심에 상처를 입은' 사람은 열등감을 느끼고 소심해지면서 마치 초상집 개처럼 기운이 없고 풀이 죽는다.

'자아실현의 욕구'란 자신의 잠재력을 개발하여 자신이 되고 싶었던 사람이 되는 것이다. 인생에서의 자아실현은 상하와 귀천의 구별이 따로 없으며, 그저 형태가 여러 가지로 다를 뿐이다. 그래서 가정주부나 직업여성, 노동자나 고급 관리자 할 것 없이 모두 자기 인생 궤도에 따라 끊임없이 자신을 업그레이드하며 꿈을 실현시키고자 노력한다.

그러나 매슬로는 진심으로 이렇게 말했다.

"자아실현을 추구하려는 욕구는 동물의 본능보다 강하거나 뚜렷하게 드러나지 않는 경향이 있다. 그것은 너무 작고 연약해서 종종 습관, 문화적 압력, 잘못된 태도에 압도되기 쉽다."

이 말을 곰곰이 따져 보면, 자수성가한 사람들이 왜 사람들에게 침을 튀겨가며 강력하게 이렇게 말을 하는지 이해하기 쉽다.

"아무리 생활이 어려워도 절대 상심하지 마세요. 어찌 되었든 간에 저는 계속해서 제 꿈을 실현시킬 것이고 여러분도 꿈을 이룰 수 있습니다. 절대 포기하지 마세요!"

꿈이 현실, 즉 생리적 욕구에 부딪치면 자아실현은 그만큼 포기하기 쉽기 때문이다. 밥을 먹고, 방범용 창문을 설치하고, 가족 모임에 참석하고, 좋은 성적을 거두려고 열심히 노력하는 것 등 우리 생활의 일거수일투족은 이런 욕구들을 만족시키려는 노력이 아닌 것이 없다. 그런데 매슬로의 '욕구 단계'를 돌이켜 생각해 보면 우리는 그 속에 담긴 더 많은 '비밀'을 발견할 수 있다.

우선 인간의 욕구는 집을 지을 때처럼 가장 높은 단계가 가장 낮은 단계보다 늦게 생겨난다. 가령 갓난아기는 오직 생리적 욕구와 안전의 욕구를 가지고 있으며, 자아를 실현하려는 아기는 찾아볼 수 없다. 높은 단계의 욕구는 성인이 된 후에야 나타난다.

한편, 단계가 낮을수록 능력이 매우 강하며 잠재력 또한 크다. 단계가 올라감에 따라 그 크기에 상응해서 점점 약해진다. 또한 높은 단계가 나타나려면 반드시 아래 단계를 단단히 '쌓아올리는' 것이 선행되어야 한다. 예를 들어 배가 고파 뱃속에서 꼬르륵 소리가 나거나, 잔뜩 겁에 질려 있는 사람은 자아실현을 추구하지는 않는다. 또한 미치지 않는 한, 자신이 겨우 소유하게 된 작은 집을 자선단체에 기부하는 고매한 인격을 갖추려 노력하지 않는다.

이처럼 이론적으로 피라미드는 '아래서부터 하나씩 층층이 쌓아' 올라가지만, 매슬로는 현실에서 그것이 절대적인 것이라고 말한 적은 없다. 즉, 일부 상황에서는 아래 단계의 욕구가 일부분만 만족되어도 다음 단계를 만들어낼 수 있다.

인류 역사를 보더라도 어떤 사람들은 자신의 꿈과 신념을 위해 모든 희생을 아끼지 않았다. 심지어 자기 목숨까지 내걸고, 생리적 욕구와 안전의 욕구를 전혀 고려하지 않은 경우도 많다. 일부 고행자들은 영혼의 깨달음을 얻기 위해 육신을 버리기도 한다.

수면에 관한 이야기를 하기 위해 이렇게 장황하게 매슬로의 욕구 단계 이론을 언급한 이유는 무엇일까? 사실은 잠을 자는 일이 이처럼 중요하다는 사실을 설명하기 위해서다. 수면은 인간의 '욕구 단계' 중 가장 낮은 단계지만, 주요한 밑바탕 중에 하나며 생명 유지를 보장하는 무척이나 심오한 욕구이다.

사람은 인생의 $\frac{1}{3}$을 잠으로 보낸다. 시간으로 따지면 1년에 무려 4개월이나 잠을 자는 것이다. 만약 당신이 30살이라고 하면 사실은 20년밖에 살지 않은 것이다.

그렇다면 우리 인생의 $\frac{1}{3}$ 동안 무슨 일이 벌어질까? 길고 지루한 밤 동안 우리는 잠에 빠져 무엇을 경험할까? 그것이 바로 다음에 말할 내용이다.

밤을 향해 달려라,
수면 소년!

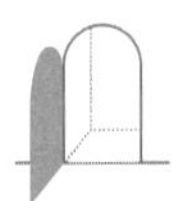

우리의 잠을 '달리기하는 수면 소년'에 비유해 보자. 사람들은 각자 한 명의 수면 소년을 데리고 있는데 우리가 잠이 들어 쉬는 동안, 남겨진 일은 그 소년이 대신 완성할 것이다. 수면에 대해 좀 더 이해하기 위해서 수면 소년Sleep Boy을 초청하여 그가 하는 '일'에 대해 들어보도록 하겠다.

안녕하세요! 나는 수면 소년입니다. 나는 당신이 잠이 들기 전에는 움직이지 않고 당신이 잠이 들기만을 제자리에서 가만히 기다리고 있습니다. 잠들기 전 당신의 대뇌는 또렷하게 깨어있는 상태로, 뇌파는 대량의 β파(베타파)가 나타나는데, 이것은 주파수가 비교적 높고 진폭은 작습니다.

수면의 제1단계 : 얕은 잠

이제 막 당신이 잠이 들어 몸의 긴장이 풀리고 호흡이 느려지면 나는 달리기 시작합니다. 잠이 든 지 얼마 되지 않아서 아직 얕은 수면 상태에 있을 때는 외부의 아주 약한 자극에도 당신은 깨어납니다. 당신의 뇌파는 모두 β파가 아니며, α파(알파파)가 이를 조금씩 대신합니다. α파는 β파의 주파수보다 낮고 진폭은 큽니다. 수면의 제1단계에서 나는 약 10분 정도를 뜁니다.

수면의 제2단계 : 깊은 잠

10분이 지난 뒤에 당신은 더욱 깊은 잠에 빠집니다. 이때는 1단계보다 깨어나기 어렵습니다. 뇌파는 더욱 완만해지는데, 갑자기 경련이라도 일으키는 것처럼 일부 주파수나 진폭이 이따금씩 높고 크게 그려집니다. 이러한 뇌파를 '수면 방추'라고 부릅니다. 도표를 보면 일부 '큰 덩어리'의 파형이 확실하게 보입니다. 이 단계에서 나는 약 20분 정도 뜁니다.

수면의 제3단계 : 더욱 깊은 잠

출발선에서부터 지금까지 나는 이미 30분을 뛰었습니다. 당신이 더욱 깊은 잠에 빠지면 근육도 더욱 이완되고 뇌파 중의 α파는 점점 δ파(델타파)가 대신하게 됩니다. δ파의 주파수는 더 낮아지고 진폭은 더 커집니다. 이 단계에서 나는 대략 40분간 뜁니다.

수면의 제4단계 : 숙면으로 인한 몽유와 잠꼬대

마침내 깊은 수면에 도달했습니다. 이 단계의 뇌파는 대부분 δ파이며, 근육은 확실히 이완되고 신체 기능의 각 항목 수치도 느려집니다. 흥미로운 점은 일부 사람들이 이 단계에서 '뜻밖의 일'을 하는데, 가령 몽유의 행동이나 잠꼬대를 하고, 심지어는 이불에 오줌을 싸기도 합니다.

4단계까지 다 뛰려면 대략 한 시간에서 한 시간 반 정도의 시간이 필요합니다. 그런 후에 어떤 사람은 몸부림을 치기도 하고 쉽게 깨어나기도 합니다. 그러나 나는 여전히 멈출 생각을 하지 않고 계속해서 앞을 향해 달려갑니다. 완전히 새로운 단계가 곧 나타나기 때문입니다.

수면의 4단계 +1단계 : 렘수면

만약 이때 당신 옆에 누군가 있다면 무척 신기한 광경을 목격하게 됩니다. 당신의 감겨있는 눈꺼풀 아래로 눈알이 빠른 속도로 굴러다니기 때문이죠. 이런 행동 때문에 생긴 이름이 렘REM(급속 안구 운동rapid eye movement)수면입니다. 이 이상하고도 특별한 단계는 수면 상태이면서도 뇌파 활동이 오히려 깨어있을 때와 같으며, 마치 현실처럼 생생한 꿈의 세계가 끊임없이 펼쳐집니다. 바로 이때 깨어난다면 꿈의 내용을 또렷이 기억할 수 있습니다. 나는 이 단계에서 빠른 속도로 10분간 뜁니다.

수면의 마무리 : 4+1단계를 반복

나는 이제 앞의 4단계와 렘수면 단계를 거쳐 한 바퀴를 완주하고 다시 원점으로 돌아왔습니다. 하지만 나는 멈추지 않고 또 다시 한 바퀴를 뛸 것입니다. 길고 긴 밤 동안 나는 몇 번씩이나 이 '특별한 4+1단계'를 반복할 것입니다. 아침이 될 때까지요.

자, 어떤가? 여러분과 늘 함께하는 수면 소년이 이렇게 열심히 일을 하고 있다. 그런데 자신의 수면 소년이 순조롭게 뛰지 못하면 수면 장애를 앓는다.

'반드시 자야 한다'는
수면 강박의 두려움

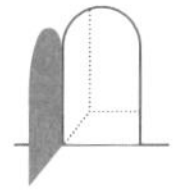

M은 23살의 법학과 학생이다. 그녀는 항상 밤마다 잠이 오지 않거나 새벽에 너무 일찍 깨서 잠을 푹 잔 적이 없다고 하소연했다. 그녀는 과거 몇 년 동안 일주일에 며칠씩 감기약의 도움을 받아 잠을 청해야 했다. 그런데 작년에 법학과에 입학하면서 그녀의 불면증은 더욱 심각해졌다. 잠자리에 들어도 계속해서 말똥말똥 잠이 오지 않았고, 새벽이 될 때까지 학교 일을 생각하다가 고작 서너 시간 정도만 눈을 붙일 수 있었다. 이 때문에 그녀는 오전 수업에 항상 늦었다. M의 수면 문제는 그녀의 일상생활에도 영향을 끼쳤고 결국 우울증까지 생기게 되었다.

앞서 이야기했듯이 각자에게는 수면 달리기를 하는 '수면 소년'이 있다. 하지만 이 소년이 제자리에만 멈춰 있고 달릴 준비조차 하지 않는다면 수면의 신호총이 고장 난 것이 아닌가 점검해 봐야 한다. 수면의 신호총이 고장 나면 수면 소년이 아예 출발하지 못해서 M처럼 불면증 문제가 나타나기 때문이다.

사실 불면증은 가장 흔한 수면 장애로, 거의 모든 사람이 한 번쯤은 겪는 질환이다. 그렇지만 장기적인 불면증은 신체적으로나 정신적으로 많은 문제를 일으키기 때문에 절대 얕잡아 봐서는 안 된다. 게다가 사회적으로도 이미 불면증으로 인한 졸음 때문에 사망 사고, 가정 파괴, 경제적 손실 등 참담한 대가를 치루고 있다. 역사적으로 피해가 컸던 재난 중 일부도 수면 장애로 벌어진 일이었다. 예컨대 1986년에 있었던 체르노빌 원자력 발전소 사고는 몇몇 기술자들이 잠이 부족하고 극도로 피곤한 상태에서 실험을 진행하다가 벌어진 사고였다.

불면증 자체는 잠이 부족하다는 것이지, 잠이 완전히 사라진 것은 아니다. 잠을 전혀 자지 않는다는 것은 도저히 불가능한 일이기 때문이다. 만약 사람이 40시간 정도를 자지 않는다면, 우리 몸은 몇 초 혹은 그보다 좀 더 긴 시간 동안 '마이크로 수면 microsleep(깨어있을 때의 순간적인 잠)' 상태에 빠진다.

'잠'에 대한 강박에서 벗어나기

그렇다면 수면의 '신호총'은 왜 고장 나는 것일까? 심리적 압박감, 환경, 약물 등의 요인을 제외하고, 일부 불면증 환자들은 체온 조절에 문제가 있어서 그런 증세가 나타난다는 연구 결과가 있다.

사람들은 대부분 잠이 들면 약간의 한기를 느끼는데, 알다시피 그것은 잠이 들면서 체온이 내려가기 때문이다. 그런데 몇몇 사람들은 체온이 도통 내려갈 생각을 하지 않아서 한밤중까지 피로를 느낀다. 마치 어두운 밤의 횃불처럼 체온이 '수면 신호총'을 불태워 버리는 것이다.

불면증이 사람을 힘들게 하는 또 다른 점은 바로 밑 빠진 독에 물을 붓는 것처럼 좀처럼 해결되지 않는 악순환 때문이다. 누워 있는데도 잠이 오지 않는 시간이 길어지면 그때부터 '잠을 자야 한다'라는 강박이 생기며 초조해진다. 그렇게 초조해질수록 더욱 고통스럽고, 고통스러워질수록 더욱 초조해져서 결국 점점 더 잠들기 어려워진다.

이뿐만이 아니다. 만약 전날 밤에 잠을 자는 데 실패했다면, 오늘 밤에는 반드시 잠을 자야겠다는 압박감이 더 커진다. 압박감이 크면 잠자기에 성공할 방법은 더욱 요원하다. 그렇게 매일 밤 최전방에 죽으러 가는 심정으로 침대에 누우면 시일이 지날수록 불면증과 수면 환경(침대와 침실) 사이에는 다음과 같은 조건반사가 형성된다.

'침실을 보기만 해도 잠이 달아나고 침대에 누우면 더 말똥말똥해진다.'

그래서 불면증 환자들 중에는 여행을 떠나 낯선 환경에서 잠을 청하면 오히려 잠을 더 잘 자는 경우도 있다. 이와는 반대로 대개의 사람들은 낯선 환경과 '익숙하지 않은 침대에 적응하느라' 쉽게 잠을 이루지 못한다. 그렇다고 스타트라인에서부터 실패할 수는 없는 노릇이다. 그러니 우리는 수면 '신호총'부터 수리해야 한다. '신호총'을 수리하는 방법에는 '자극-조절' 요법이 있다. 그것은 바로 불면증과 수면 환경 사이에 형성된 악성 조건반사를 없애는 것으로, 아래의 몇 가지 지시사항을 따르면 된다.

1. **출발해야 할 때 출발하자** : 졸리면 무조건 자야 한다!
2. **출발한 뒤에는 무조건 달리자** : 침대 위에서는 오직 잠과 사랑, 이 두 가지만 해야 한다는 점을 기억하자. 침대에 누워서 책이나 텔레비전을 보거나 음식을 먹거나 일을 해서는 안 된다.
3. **달리고 싶지 않을 때는 출발선을 떠나자** : 정신이 맑고 또렷할 때는 침실에서 머무르지 말자. 침대에 누워 15~20분이 지나도 전혀 잠이

오지 않으면 얼른 침실에서 나오고, 다시 졸릴 때까지 기다렸다가 되돌아가면 된다.

4. **파이널 라인에 들 때는 알람시계를 이용하자** : 매일 아침 똑같은 시간에 일어난다.
5. **시도 때도 없이 출발선에 서 있지 말자** : 낮에는 웬만해서는 자지 말자!
6. **얼마나 달려야 할지 생각하지 말자** : '나는 무조건 8시간은 자야 돼.'라는 식의 잠에 대한 '완벽한' 기대를 버리자. 또한 '5시간밖에 못 잔다면 정상적으로 생각하거나 일할 수 없을 거야.'처럼 부족한 잠이 초래하는 결과를 더 과장해서 생각하지 말자.

기묘한 시간,
엉뚱한 공간에서의 단잠

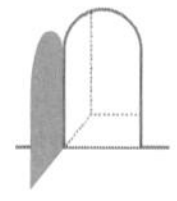

'루게릭병amyotrophic lateral sclerosis, ALS'에 대해 들어본 적이 있을 것이다. 루게릭병은 '식물인간'보다 더욱 참혹하고 끔찍한 병이다. 이 병은 사람의 운동신경 세포에 병리 변화가 발생해 운동하거나 말하거나 침을 삼키거나 호흡할 때 필요한 근육을 자극할 수 없게 되며 근육은 점점 위축되고 퇴화하여 기력이 없어지다가 마침내 마비되어 버린다. 최종적으로 환자는 폐부 근육이 위축되고 더 이상 팽창되지 못해서 호흡이 극도로 약해지다가 멀쩡한 상태로 세상을 떠나게 된다.

갑작스런 정전상태 : 졸도

수면에 관한 이야기를 하면서 루게릭을 거론한 이유는 수면 장애 중 하나인 발작성 수면증narcolepsy의 특성인 '졸도'가 루게릭병 환자의 근육 위축과 어느 정도 비슷하기 때문이다. 하지만 루게릭병처럼 '천천히' 위축되는 것이 아니라 '급작스럽게' 위축되어 더욱 위험한 상황을 초래한다. '졸도'는 느린 변화 과정을 거치는 것이 아니라, 어느 순간 근육이 서 있는 것을 지탱할 수 없을 정도로 위축되어 '쿵' 하고 쓰러져서는 혼수상태에 빠지기 때문이다. 하지만 졸도는 통상적으로 몇 초 내지 몇 분 간만 지속되고, 그렇게 녹초가 되어 쓰러졌다가도 깨어나면 아무 일도 없다는 듯 완전히 정상으로 회복된다.

그렇다면 발작적 수면증은 무엇이고 왜 졸도를 일으키는지부터 살펴보자. 앞서 수면 소년이 달렸던 '특별한 4+1단계'를 기억하는가? 졸도는 바로 렘수면 단계에서 갑자기 나타난다. 발작성 수면증 환자의 경우는 앞의 4가지 단계를 거치지 않고 곧바로 렘수면 단계에 들어가는데 렘수면 시 대뇌가 근육에 보내는 신호 입력을 저지하면, 근육이 신호를 받지 못해서 갑자기 전원이 나간 전자제품처럼 그 자리에 그대로 멈춰 버리고 마치 '졸도'하는 것처럼 누워버리는 것이다.

혼이 탈출하는 현상 _ 수면성 마비, 가위눌림

발작적 수면증은 졸도 이외에 또 다른 특징이 있다. 바로 '가위눌림'이다. 가위눌림이라는 말은 상당히 독특한 단어다. 누군가에게 상처를 받은 사람이 가끔 이렇게 말하는 경우가 있다. "당신은 내겐 악몽 같은 사람이야!" 하지만 가위눌림은 단순한 악몽이 아닌, 꿈을 꾸는 사람을 놀라게 해서 깨우는 악몽이다. 가위눌림은 렘수면 단계에서 발생하기 때문에 꿈을 꾼 사람은 깨어난 후에도 그 내용을 생생하게 기억할 수 있으며 실제처럼 묘사할 수 있다.

가위눌림은 마치 영화 「몬스터 주식회사」처럼 아이들에게 많이 나타난다. 영화에서 보면 몬스터 세상에서 몬스터들의 겁주기에 놀란 아이들의 비명소리를 모아 동력 에너지를 만든다. 그래서 몬스터들은 피곤한 줄도 모르고 아이들에게 겁을 준다. '약자 앞에서 한없이 강하고 강자 앞에서 약한' 그들의 겁주기는 어른들도 감히 방해하지 못한다. 만약 어른이 가위눌림을 당한다면, 그것은 대부분 그가 최근에 강도나 폭행같이 아주 불행한 일을 겪은 뒤 마음의 상처가 너무 크고 '양기'가 허약해진 탓일 수 있다. 또 어떤 때는 수면 자세 때문에 가위눌림을 당하기도 한다. (심장 위에 손을 올려놓고 잠을 청해 보자.)

그런데 어떤 사람들은 자신이 꾼 악몽이 현실로 나타나기도 한다. 예를 들어 어떤 남자는 꿈에 그의 아버지가 불이 난 방에서 타죽는 꿈을 꾸었는데, 얼마 후 자신이 폐렴에 의한 고열로 세상을 떠나게 되었다. 이런 경우에 꿈을 꾼 사람은 정말로 꿈을 통해 자신의 미래를 미리 본 것일까?

민간에 널리 퍼져있는 이야기 중에, 사람은 '삼혼칠백三魂七魄(혼魂은 세 번 불러야 감응을 하고, 백魄은 일곱 번 묶는다는 뜻으로, 혼은 영혼을, 백은 육체를 가리킨다. -옮긴이)'으로 나누는데, 잠을 자는 동안 사람에게는 오직 백만 있고 혼은 밖으로 나간다는 말이 있다. 그런데 그때 만약 강한 의지가 없으면 '가위눌림'을 당할 수도 있다고 한다. 다음 사례를 보자.

칠흑같이 어둡고 조용한 밤, 평소에 잠을 잘 자는 L은 그날따라 갑작스럽게 명치가 턱턱 막히는 느낌에 놀라 잠에서 깼다. 그는 비몽사몽 중에 '탁탁' 하는 소리를 들었다. 그러고는 베개 옆으로 밝은 빛이 켜지고 희미하게 사람 그림자가 보이는가 싶더니 돌연 흔적도 없이 사라졌다. 그는 너무 놀라 당황했고, 얼른 일어나 무슨 일인지 살펴보고 싶었지만, 온몸이 무거워서 도저히 움직일 수 없었다. 비명을 지르고 싶었지만 목소리도 전혀 나오지 않았다. 유일하게 그가 할 수 있는 것은 눈동자를 여기저기 굴리는 일뿐이었다. 그 당시 L은 천근이나 되는 무거운 물체가 가슴을 누르고 있는 것 같았다. 그의 호흡은 가빠져 숨을 제대로 쉴 수 없을 정도였고 얼굴은 극도로 붉어졌다. 두려움에 떨던 L은 속으로 소리쳤다.

"난 이제 끝났어, 다 끝났다고……"

하지만 끝난 것은 없었고, 그는 날이 밝을 때까지 발버둥만 치고 있었다.

사실 '가위눌림'은 발작성 수면증의 또 다른 특징인 '수면성 마비'로 잠에서 깬 직후의 짧은 시간 동안 몸을 움직이지도 못하고 말을 하지도 못하는 상태를 말한다. 이는 무척 섬뜩한 경험이며 특히 처음으로 이런 수면성 마비를 겪으면 지옥에 온 것처럼 두렵고 죽음의 공포를 느끼게 된다. 또 깨어난 후에는 '지옥에서 간신히 살아남은 생존자'라는 느낌도 든다.

잠자는 나를 보는 끔찍한 경험 _ 수면 전 환각증

'졸도'나 '수면성 마비' 이외에 발작성 수면증의 세 번째 특징은 바로 '수면 전 환각증'이다.

이것 또한 실제처럼 사실적이고 모골이 송연할 만큼 무서운 경험으로, 잠자기 시작했을 때 나타나 도무지 믿기 어려운 경험을 하게 만든다.

수면 전 환각증을 겪은 환자들의 이야기를 들어보면 상상하기 힘든 일이 많다. 그들은 잠을 자기 시작하면 천연색의 동그라미나 물체의 일부분을 보는데 이것들은 끊임없이 크기가 변하며 수면을 방해한다. 이뿐만 아니라 촉각적 환상도 겪는다. 화염에 둘러싸이거나 화상을 입는 느낌, 혹은 옆 사람으로부터 악랄한 저주를 듣는 경험도 한다. 심지어 어떤 환자들은 '갑자기 침대 위에 둥둥 떠다니기 시작했는데 아래에 누워있는 자신의 모습이 보였다'고 말하기도 한다.

이처럼 생생하고 진짜 같은 환각 때문에 환자들은 깨고 난 후에도 이것을 실제라고 철석같이 믿는다. 그래서 이런 환각증을 '외계인'과 연관 지어 해석하는 사람도 적지 않다.

매년 수많은 사람이 외계인 혹은 미확인 생물체를 보았다고 주장한다. 그런데 그들이 말하는 대부분의 UFO 사건은 주로 밤에 발생하고, 목격담의 60% 정도는 모두 수면 시간대에 발생한다. 특히 그들의 진술은 수면 전 환각 중에 볼 수 있는 상황과 상당히 유사하다. 다음의 기록을 보자.

> 마침 내가 침대에 누워 벽을 보고 있는데 갑자기 심장이 두근거리기 시작했다. 그러다가 나는 어떤 생물체 3개가 내 옆에서 있는 것을 느꼈다. 나는 몸을 움직일 수 없었지만, 눈동자

만은 움직일 수 있었다. 그중 한 남자 생물체가 나를 보고 빈정거렸는데, 말로 그런 것이 아니라 순전히 생각을 통해서였다. 나는 너무 난감했다. 그것은 심령처럼 나에게 말했다.

'아직도 모르겠어? 넌 우리 허락 없이는 아무것도 할 수 없어!'

UFO 목격자의 외계인 목격담은 그들의 상상이나 속임수일 수도 있지만, 어쩌면 일부는 수면 장애의 방해를 받아 겪은 경험일지도 모른다. 때때로 몇몇 사람들은 발작성 수면 장애가 없어도 우연히 '수면 전 환각증'을 경험하는데, 이 또한 UFO 목격자들이 모두 발작성 수면 장애를 앓는 것은 아니라는 사실을 설명해 준다.

한밤의 '살아있는 송장' - 몽유병

고요한 밤, 아무런 촉감이나 통증도 느끼지 않고 부끄러움이나 가여움도 모르는 사람이 사방을 돌아다닌다. 그들은 종종 상식적으로는 도저히 납득할 수 없는 비현실적이고 정신 나간 행동을 한다. 예를 들어 잠을 자면서 음식을 먹기도 하고, 배우자를 구타하기도 하며, 길을 가다 스치는 모든 남자와 사랑을 나눈다. 또 어떤 사람은 바닥을 기어 다니거나, 주방의 전자레인지 위에 쪼그리고 앉아 바지를 벗기도 한다. 이뿐만 아니라 어떤 사람은 백화점에 온 것처럼 돌아다니고, 옷장 옆에 서서 바지를 내리고 걸려있는 옷에다가 오줌을 누기도 한다. 심지어 칼로 자신에게 상처를 입히거나, 뜨거운 물에 손을 집어넣는 사람도 있다. 그들은 다름 아닌 한밤중의 '또 하나의 살아있는 넋', 바로 몽유병자이다.

수면 소년이 제4단계로 뛰어와 사람들이 깊은 잠에 빠졌을 때, 어떤 사람들은 인생의 $\frac{1}{3}$을 잠으로 헛되이 보내는 것이 싫어서 '지금 일어나지 않으면 늦는다'는 태도를 보인다. 다음에 이어지는 렘수면 단계에서 대뇌가 근육에 보내는 신호를 차단하기 때문이다. 그래서 여전히 잠을 자고 있지만 휘청거리면서 침대에서 벗어나려고 몸부림을 친다.

몽유병은 보기 드문 질병이 아니며, 대다수의 몽유병 환자들은 몽유 때 간단하고 단순하며 위험하지 않은 행동을 한다. 그러나 일부 몽유병자들은 대단히 복잡하고 위험한 행동으로 심각한 결과를 초래하기도 한다.

1987년 5월 23일, 캐나다 토론토에 사는 23살 청년 케네스 팍스Kenneth Parks(K라고 부르겠다)는 텔레비전을 보다가 잠이 들었다. 그런데 얼마 지나지 않아 그는 갑자기 자리에서 일어나더니 신발을 신고 야무지게 신발 끈을 묶은 뒤, 차고로 가서 차를 몰고 집을 나섰다. 그는 마치 유령처럼 조용히 거리를 누비다가 2만 3천 미터나 떨어진 장모의 집에 도착했다. 그런 후에 트렁크 안에서 차 수리용 스패너를 꺼내어 장모의 집으로 뛰어 들어갔다. 그는 장모를 침대에서 끌어내린 뒤 마구 때려 현장에서 즉사시켰고, 이 과정에서 자신의 손도 다쳤다. 그를 말리려던 장인어른은 하마터면 그에게 목이 졸려 질식할 뻔했다. 이 끔찍한 폭행이 끝난 후 K는 다시 차를 몰아 집으로 돌아와서는 침대에 누워 잠을 잤다.

다음 날 아침, 잠에서 깬 K는 지난밤에 무슨 일이 있었는지 전혀 기억하지 못했다. 다만 혼미한 상태에서 자신의 손에 묻은 핏자국을 보며 이렇게 중얼거렸다.

"이게 뭐야. 왜 내 손에 피가 묻어 있지?"

K의 진술을 듣고 관련 기관과 전문가들은 그가 전형적인 몽유병 환자라며 이론적으로 그를 지지해 주었다. K는 범죄 과정을 전혀 기억하지 못했으며 오로지 어렴풋한 느낌만 가지고 있었기 때문이다.

일반적인 몽유병자들의 행동은 다음 세 단계를 거친다.

'침대에서 내려온다, 어떤 행동을 한다, 다시 침대로 돌아가서 잠을 잔다.' 그들과 비교하면 K의 몽유병 증상은 확실히 복잡하다. 그의 집에서 장모 집까지의 거리는 무려 2만 3천 미터나 되는데, 이것은 결코 짧은 거리가 아니며 수많은 도로와 신호등도 통과해야 한다. 사람들은 그가 잠이 든 상태에서 어떻게 이 모든 것을 해냈는지 도저히 믿지 못했다. 그는 목표도 정확했고, 복잡한 자동차 기어변속이나 교통 신호등 판별 등도 잘 해냈다. 사실 K 외에 과거 몽유병 환자들의 기록들을 보면 말을 타거나 차를 운전했다는 기록들이 종종 있었으며, 심지어 헬기를 조종한 사례도 있었다.

그렇다면 이러한 행위를 어떻게 해석해야 할까? 수면의 '특별한 4+1단계'를 다시 살펴보면, 그중 4단계는 가장 깊은 수면 상태로 대뇌가 외부 신호의 접수를 멈추는 단계이다. 그런데 이때 몽유병자의 뇌를 분석해 보면 전혀 다른 현상을 보인다. 오히려 대뇌 심층부는 깨어있고, 수준 높은 생각과 자아의식을 책임지는 대뇌 표층부는 수면 상태에 있다. 대뇌의 '반수반성半睡半醒'과 같은 분리 상태는 그들이 침대 밖으로 나와 활동해도 여전히 수면 상태에 있게 한다. 게다가 다음 날 깨어나면 아무것도 기억하지 못하게 하는 것이다.

최종적으로 법정에서는 K의 몽유병 병력病歷과 명확하지 않은 살해 동기를 이유로 무죄를 선고했다. 이 판결은 순식간에 큰 파장을 불러일으켰다. 사람들은 K가 몽유병을 핑계 삼아 살인한 사실을 은폐하려 한다고 생각했기 때문이다. 그러나 K에게 무죄 판결이 나왔던 이유는 이미 앞선 사례들이 따로 있었기 때문이다.

1846년, 미국 보스턴의 어느 매춘부는 그의 애인을 살해하고 자신이 일하던 윤락업소도 불태웠다. 1981년, 미국 애리조나의 어떤 남자는 아내를 26번이나 찔러 그 자리에서 사망케 했다. 하지만 그들은 모두 몽유병이라는 이유로 무죄 석방을 받았다. 법률상으로 몽유병 살인에 관한 상세한 규정은 없으며, 만약 인적 증거가 없다면 살해자의 유죄 여부를 판단할 길이 없다.

사람들은 몽유병자가 꿈에 무언가를 보고 그런 행동을 한다고 여긴다. 하지만 사실 몽유는 꿈의 세계와는 무관하다. 수면의 '특별한 4+1단계'에서 분명히 밝혔듯이 꿈은 렘수면 단계에서 발생하는데, 몽유는 수면의 제4단계인 깊은 수면 단계에서 일어나기 때문이다.

꿈의 세계에서 위험한 일이 생기면 대다수의 사람들은 모두 잠에서 깨어난다. 사람의 몸에는 일종의 보호 시스템이 있어서, 위험이 닥치기 전 자신을 보호하기 위해 잠을 깨는 것이다. 이로 인해 대다수의 사람들은 아무리 꿈속 세상이 위험하더라도 실질적인 고통을 겪지 않는다. 물론 일부 예외적인 상황은 있을 수 있다. 보호 시스템이 완벽하게 작용하지 않으면 간혹 몸이 꿈에서처럼 실제로 움직이기도 한다. 예를 들어 어떤 사람이 꿈에 미식축구를 하면서 공을 받으러 달려갔다고 하자. 그런 그가 잠결에 침대에서 뛰다가 땅으로 떨어질 가능성도 없지는 않다. 또 어떤 사람은 꿈에서 공격을 당하자 반격을 했는데, 실제로도 자기 옆에 누워 자던 배우자를 마구 때렸다고 한다.

그렇다면 꿈이 아닌 몽유를 할 때도 신체 내의 이러한 보호 시스템이 작용할까? 그렇다고 말하기는 어렵다.

영국 런던의 줄리엣이라는 여성은 항상 잠을 자면서 자신을 다치게 했다. 그녀는 하루걸러 한 번씩 몽유병 증상을 보였는데, 매번 한밤중에 몽유가 시작되면 침대에서 일어나 창문을 뚫고 지붕으로 올라갔다. 잠에서 깨면 늘 그녀의 손에는 피가 묻어 있었다. 그것은 그녀가 창문 유리를 깨면서 입은 상처였다.

2005년 6월 25일 이른 아침, 한 남성이 무척 당황스러운 목소리로 런던 남부 외곽의 어느 경찰서에 전화를 걸었다. 그는 근처 공사장에서 건축 일을 하는 인부인데, 그날 아침 몇십 미터 높이의 타워 크레인 위에서 어떤 여자아이가 마치 자살이라도 하려는 듯 몸을 잔뜩 웅크린 채 꼼짝도 하지 않는 모습을 목격했다는 것이다. 신고를 받고 경찰과 소방대원들은 즉시 출동하여 현장에 도착했다. 곧바로 한 소방대원이 한 발 한 발 조심스럽게 소녀 옆으로 다가가서 보았는데, 놀랍게도 소녀는 그곳에서 단잠을 자고 있었다. 다행히 경찰은 소녀를 안전하게 구조해 집으로 돌려보냈고, 그 과정에서 경찰은 소녀에게 원래 몽유병이 있다는 사실을 알게 되었다.

또 1993년 미국 아이오와주의 21살 한 대학생은 영하 1도의 기온에 복싱용 반바지만 입은 채로 고속도로 위를 달리다가 트레일러에 치여 죽었다. 경찰은 그가 자살을 한 것이라고 생각했지만, 그의 어머니는 이 모든 것이 아들의 몽유병 때문에 벌어진 일임을 알았다.

몽유병에 이처럼 무서운 재앙이 잠복하고 있다면, 우리는 어떻게 몽유병을 치료해야 할까? 그 질병의 원인을 살피기 위해서 나는 프로이트 박사를 모셔와야 한다.

여러분, 안녕하신가. 프로이트라네. 오늘 나는 '세 개의 나'와 몽유의 형성 원인에 관해 이야기하려고 하니 잘 들으시게.

첫 번째 나 – 이드Id, 본능적인 '나'

'이드'는 인간 심리의 가장 원시적인 부분으로, 사람이 태어나면 바로 갖게 되는 본능적인 자아를 말하네. 대개 타고났거나 천부적이고 선천적인 것들을 일컫지. 이 '이드'는 모든 행동, 충동, 떨림 등 각종 '움직임'의 원천이기도 하네.

이드는 응석받이로 자란 아이에 비유될 만큼 이기적이고 충동적이며 즐겁고 편안한 것만 추구하려는 욕심이 있지. 이드는 철저하게 '쾌락원칙'을 따르기 때문에 즐거우면 뭐든지 하고, 갖고 싶으면 기다리지 않으며, 원하지 않는 것은 쳐다보지도 않는 아주 말썽꾸러기 친구지.

영아기 때 이드는 사람의 심리를 조종하는 위치에 있다네. 가장 흔히 볼 수 있는 예로, 영아가 어떤 장난감을 보자마자 마음에 들어 손을 뻗었는데 잡지 못하면 억지를 부리며 큰 소리로 우는 경우를 들 수 있지. 또 어떤 때는 필요로 하는 것이 비합리적인 것이라고 해도, 쾌락의 원칙을 따르기 때문에 도리나 논리를 따르지 않고 가치관이나 도덕관도 상관없이 하고 싶은 대로 멋대로 한다네.

두 번째 나 - 자아, 이드의 통제관

제멋대로 소란을 피우는 '이드'의 특성 때문에 등장한 것이 바로 '자아' 선생님이라네! 자아는 철저하게 '현실원칙'을 따르지. 자아는 이드의 제멋대로인 행동이 현실에 전혀 어울리지 않는다는 것과 그런 식으로 해나가면 여러 가지 골칫거리를 일으킨다는 사실을 잘 알고 있다네. 이 때문에 자아는 이드를 통제해 현실로 들어오게 하지. 간단한 예를 두 가지 들면, 수납장 위 막대사탕이 먹고 싶지만 훔칠 수 없는 어린아이, 그리고 짜증이 날 정도로 귀찮게 하는 여동생을 때릴 수 없는 오빠가 바로 '자아'의 상태지.

비록 사탕을 훔치거나 여동생을 때리는 일은 아이의 심리적 스트레스를 풀어주고 통쾌함을 느끼게 해 주며 자신을 마음껏 발산할 수는 있지만, 부모의 요구나 사회적 규범과는 서로 충돌하는 걸 자아는 알고 있는 것이지. 그래서 자아는 이드가 직접적으로 방출하려는 충동을 막거나, 바꾸거나, 뒤로 미루게 하는 역할을 하네.

세 번째 나 - 초자아, '나'의 심리 재판관

'자아'는 이드보다는 꽤 철이 든 녀석이지. 그런데 '초자아'는 그 경지보다 훨씬 더 높은 친구야. 초자아는 사회적 가치, 도덕과 관념을 이해하도록 '나'를 가르치기 때문이지. 그리고 그 세 가지를 보는 눈높이를 업그레이드시키는 것이 초자아야. 통상적으로 이러한 내용은 사회 속 각종 매개물, 가령 부모, 학교, 종교조직 등을 통해 사람들에게 주입된다네.

우리가 '잘못된' 일을 하면, 초자아는 우리에게 죄책감, 수치

심, 당혹스러움을 느끼게 하지. 반대로 우리가 '올바른' 일을 하면, 초자아는 우리에게 자부심과 긍지를 느끼게 해 준다네. 초자아는 어느 것이 옳고 그른지를 판단하며, 사람들이 흔히 말하는 이른바 '양심'이라 할 수 있지!

지금부터는 이 세 가지 '나'와 몽유의 형성 원인을 설명해 보겠네. 이드는 힘이 어느 정도 모이면 자아의 단속에서 벗어나려고 점점 난폭해지지. 그러면 이드의 '고약한 성질'을 줄곧 엄격히 관리해왔던 자아는 잠시 동안 그를 자유롭게 풀어주고 제멋대로 하도록 내버려 둔다네. 그리고 얼마 후 이드가 제 성질대로 웬만큼 들볶았다면, 자아는 이제 위엄을 세우고 이드를 원래의 위치로 되돌아오도록 질책하지.

한편 자아는 아래로는 이드의 상황을 통제하고 위로는 초자아의 질책과 처벌을 피하기 위해서 모든 것을 잠재의식 속에 눌러놓고 비밀로 하기로 했다네. 바로 이것이 몽유가 생겨나는 과정이야. 몽유는 잠재의식의 억압된 정서가 적당한 시기에 발작하며 표현된 것이거든.

결과적으로 몽유병자가 깨어난 후에 그동안 있었던 일들을 전혀 모르는 것은, 잠재의식 속에 완전히 감춰놓은 이드와 의식 중에 무수히 존재하는 초자아 사이를 오직 자아만이 돌아다닐 수 있기 때문이지. 어떤가? 참으로 영리하면서도 교활한 자아 아닌가!

그럼 내 이야기는 여기서 마치도록 하지.

프로이트의 분석을 통해, 우리는 몽유가 소망에 대한 일종의 보상인 셈이라는 사실을 알았다. 만약 환자의 감각이 몽유를 통해 현실에서 자신의 소망을 '보상'받았다면, 그는 앞으로도 계속해서 몽유를 멈추지 않을 것이다. 그러므로 몽유병을 치료하는 방법은, 그 환자가 몽유를 통해 자신의 소망을 보상받는 일 자체를 불가능하게 만들면 된다. 그것이 이른바 '혐오 요법aversion therapy'이다.

우선 몽유병의 사례를 보자. 어떤 남자는 몽유 시에 항상 총알이 장전된 사냥총을 아내에게 겨누었다. 이런 위험한 행동은 그의 행복한 삶을 엉망으로 만들곤 했다. 여기에 혐오 요법을 적용해 보자. 혐오 요법의 원리는 자주 언급되는 '전형적인 조건반사'라고 할 수 있으며 치료는 모두 세 단계로 나뉜다.

첫 번째 단계: "적과 싸울 때는 우두머리부터 잡아야 한다." - 치료의 목표를 확실히 해둔다.

혐오 요법은 강력하게 정곡을 찌르는 특성이 있다. 그러기 위해선 우선 반드시 버리려는 행동이 무엇인지부터 명확히 해야 한다. 때로는 환자에게 끊임없이 되풀이되는 '악습'들이 있는데, 적과 싸울 때는 우두머리부터 잡아야 한다는 말처럼, 그런 악습 중에서 가장 중요하거나 가장 절박한 것을 골라 치료에 착수하도록 하자. 치료 목표가 명확하면 환자는 더 이상 몽유를 하지 않아도 된다.

두 번째 단계: "극약을 처방하라" - 지극히 혐오스런 자극을 선택한다.

혐오 요법의 자극은 반드시 강렬해야 한다. 그런 좋지 않은 행동들이 종종 환자에게는 일종의 만족과 쾌락을 가져다주기 때문이다. 예컨대 훔쳐보기의 즐거움, 음주 후의 만족감, 마약 흡입 뒤에 신이라도 된 듯한 느낌들처럼 몽유 시에도 자신의 소망이 만족되면 얼마나 좋겠는가. 이러한 만족감이나 쾌감이 반복적으로 그런 나쁜 행동을 하도록 환자들을 '유혹'한다. 그래서 혐오 요법의 자극이 반드시 그러한 유혹보다 훨씬 더 강력해야 이를 대신할 수 있다. 이러한 '극약'에는 전기 자극, 약물 자극, 상상 자극 등이 포함된다.

한편 앞서 언급했던 몽유 사례에 우리가 처방할 '극약'은 바로 귀를 자극하는 경고용 호루라기다. 사냥총을 아내에게 겨누는 몽유병자를 치료할 때는, 일단 아내가 침대의 바깥쪽에, 그리고 남편은 침대의 안쪽에서 자게 한다. 그러면 남편이 몽유를 시작하려고 할 때 아내가 눈치를 채고 잠에서 깨어날 수 있다. 잠에서 깬 아내가 즉각적으로 경고용 호루라기를 남편의 귀에다 대고 인정사정없이 불면, 남편은 귀가 찢어질 듯 날카로운 호루라기 소리 때문에 몽유에서 깰 수 있다. 이렇게 지속적으로 극약 처방을 하면, 남편은 더 이상 몽유를 하지 않는다. 이 혐오 요법의 관건은 몽유를 시작하려는 환자를 급하게 깨워 제때 환자의 몽유 행위를 중단시키는 데 있다.

세 번째 단계: "손을 내밀어야 할 때 내밀어라." - 적절한 때를 맞춰 혐오 자극을 가한다.

빠른 시일 내에 조건반사를 형성하고 싶다면, 나쁜 행동과 '극약'을 긴밀하게 결합하여 동시에 진행하면 된다. 만약 한 템포 빨리 자극하면 두 가지가 서로 연관성을 갖지 못하고, 한 템포 늦게 자극하면 극약 처방이 제대로 된 효과를 보지 못한다.

여기서 잠깐, 사람들이 몽유에 대해 가지고 있는 잘못된 오해를 바로잡겠다. 사람들은 대개 몽유병자를 부르거나 깨울 수 없다고 생각한다. 만약 잘못 깨우기라도 하면 그들이 더욱 '격렬하게' 움직일 수 있고 갑자기 죽거나, 바보가 되거나, '가까운 가족도 알아보지 못하는' 상태가 된다고 여긴다. 그러나 실제로는 몽유에서 깨는 것이나 잠에서 깨는 것은 별 차이가 없다. 단지 그들은 깨자마자 어떻게 해야 할지를 모르거나, 그동안 무슨 일이 있었는지를 기억 못 할 뿐이다.

잠재의식의 전달자, 꿈

프로이트의 잠재의식 빙산을 통해 이미 배웠듯이, 잠재의식의 역량은 참으로 거대하며 인간의 모든 생활에 영향을 미치지만 평소에 우리는 이를 전혀 감지하지 못한다.

사실 꿈이란 잠재의식의 '사신使臣'으로, 둘은 늘 서로 연락하며 긴밀히 지낸다. 꿈은 잠재의식이 나타내고자 하는 것을 의식에게 전달해 주는데, 그래서 사람들은 꿈을 통해 잠재의식의 내용을 알 수 있다.

그러나 잠재의식은 상당히 거만하다. 그래서 '솔직하게 말하고 싶지 않지만, 내가 하려는 것을 이해하려면 넌 시간 좀 걸릴 걸?'과 같은 태도를 보인다. 이로 인해 꿈을 살펴보면 잠재의식의 직접적인 표현보다는 어느 정도 위장하고 꾸며진 것들이 많다. 그래서 꿈을 해석하는 과정은 잠재의식의 해석 과정과 비슷하다.

그런데 잠재의식은 왜 의식에게 직접 말하지 않고 꿈이라는 사신을 필요로 할까? 그것은 잠재의식이 전달하고 싶은 것이 대부분 '이드'의 내용으로, 이 사회의 윤리 도덕이 받아들이지 않는 성적 본능과 공격 본능이 주를 이루기 때문이다. 그래서 그것을 직접적으로 의식에게 전달하면 아예 받아들여지지 않거나, 제멋대로 드러날 것이 뻔하다. 잠재의식의 생각은 항상 억눌려 있기 때문에 아무래도 이런 상황에 다소 불만을 품게 되고, 이 때문에 사람들이 자는 동안 의식의 경계심이 느슨해진 틈을 타서 그런 충동과 소망을 겉모습만 바꾼 꿈의 형식으로 표현하는 것이다.

간단히 말해서 꿈은 잠재의식이 바라는 소망의 보상인 것이다. 이에 관해 칼 융의 아래의 경험이 그 증거가 될 수 있다.

> 나는 아주 오래 전에 계속해서 이런 꿈을 꾸었다.
> 꿈에서 나는 우리 집에서 나도 몰랐던 낯선 장소를 발견했다. 그곳은 아버지가 각종 어류들을 해부했던 실험실이었다. 어머니는 그곳에 신비하고 알 수 없는 혼령들을 맞이하는 방을 마련해 놓았다. 꿈의 마지막 부분에서 가장 신기했던 것은 오래된 도서관을 발견한 일이었다. 도서관 안에는 내가 한 번도 본 적이 없는 책들이 보관되어 있었다. 나는 그중 한 권을 펼

쳐보았다. 그 속에는 기묘한 그림들이 셀 수 없이 그려져 있었다.

꿈에서 깨었을 때, 내 마음은 한없는 기쁨으로 격렬하게 뛰었다. 이 꿈을 꾸기 전에 나는 어느 중고서점에서 중세기 연금술사에 관한 책을 한 권 구입했다. 연금술과 심리학의 관계를 검증하는 데 도움을 받기 위해서였다. 하지만 꿈에서는 그런 책을 보지 못했다. 그런데 몇 주 뒤에 서점 주인이 나에게 한 권의 책을 보내왔다. 책을 펼치자마자 나는 그 안에 삽입된 아름답고 감동적인 그림들이 내가 꿈에서 본 그림들과 상당히 비슷하다는 사실을 깨달았다.

그제야 나는 그동안 똑같은 꿈을 반복해서 꾼 이유를 알 것 같았다. 꿈에 나온 집은 다름이 아니라 내 의식과 내가 흥미로워하는 연구 영역을 상징했다. 그 책을 소유하게 된 후 30년 동안, 나는 더 이상 그 꿈을 꾸지 않았다. 그것은 현실에서 소망하던 것이 이루어졌기 때문에 꿈에 더 이상 나타날 필요가 없었던 것이다.

꿈은 우리의 소망에 대한 보상이며, 꿈을 통해 우리 마음에 균형이 잡힌다. 깨어있을 때 엉뚱한 생각을 자주 하거나 자신을 지나치게 높이 평가하여 실제 능력으로 해낼 수 없는 원대한 계획을 세우는 유형의 사람들이 높은 곳에서 떨어지는 꿈을 자주 꾸는 이유도 이것으로 설명할 수 있다. 또한 열등감이 많은 사람이 하늘을 나는 꿈을 많이 꾸는 것도 마찬가지 이유에서다. 꿈과 관련된 영화 「멀홀랜드 드라이브Mulholland Drive」는 꿈의 이러한 기능을 아주 잘 보여준다.

칼 융의 이야기처럼 꿈에서 소망을 이루고 부족한 것을 보상받기도 하지만, 동시에 일부 사람들은 꿈에서 경고를 받기도 한다. 그것은 그들이 결함을 가진 인격이므로 계속해서 그대로 내버려 두면 위기에 직면할지도 모른다는 경고에 가깝다. 그런데 만약 이런 경고를 계속 무시한다면, 계단에서 넘어지거나 교통사고를 당하는 등의 실제 사고로 이어지기도 한다. 한 남자와 여자의 사례를 보자.

최근에 S는 되는 일이 하나도 없었다. 가정은 파탄이 나고 사업은 실패했으며 친구들마저 등을 돌리자, 그는 마치 인생 밑바닥까지 내려간 것처럼 모든 것이 엉망진창이 된 기분이 들었다. 그는 마음을 달래려고 거의 병적으로 등산을 많이 다녔고, 걸핏하면 험한 산봉우리에 기어 올라가 '인생 역전, 나를 뛰어넘자!'라고 외치곤 했다.

그러던 어느 날 밤, 그는 자다가 산 정상에서 발을 헛디뎌 어둡고 텅 빈 공간 속으로 떨어지는 꿈을 꾸었다. 그는 정신과 의사에게 꿈 이야기를 모두 해 주었다. 의사는 당시 그가 처한 상황에 근거해 그에게 위험이 닥칠지도 모르겠다고 판단했다. 그래서 그것은 꿈이 보내는 경고이므로 가급적 등산을 하지 말라며 진심으로 그에게 충고했다. 그러나 그는 의사의 말을 들은 체만 체했다. 6개월 뒤, 그는 의사의 예상대로 등산을 하던 중 발을 헛디뎌 산 아래로 떨어져 목숨을 잃고 말았다. 등산 가이드는 당시 상황을 이렇게 진술했다.

"그가 친구들과 함께 밧줄을 붙잡고 위험한 곳에 서 있는 것을 봤어요. 그의 친구들은 낭떠러지 끝에서 잠시 머물 곳을 찾고 있었어요. 그 사람은 계속 아래를 탐색하고 있었고요. 그런데 갑자기 그가 잡고 있던 밧줄이 풀어졌고, 그는 마치 허공으로 뛰어내리려는 듯 아래로 떨어졌어요."

K는 가진 재산이 많아 항상 사치스럽고 호화롭게 생활하면서 남 앞에서 우쭐거렸지만, 밤만 되면 늘 악몽에 시달렸다. 그녀가 꾼 악몽은 그녀 혼자서 깊은 숲속을 걷다가 수많은 사람을 만나고 그들과 미친 듯이 사랑을 나누는 꿈이었다. 정신과 의사는 그 꿈이 일종의 계시이며 위험한 일이 생길 수 있으니 조심하라고 그녀에게 경고했다. 그러나 그녀는 오히려 화를 내며 의사 말을

제대로 듣지 않았다. 하지만 그 후에도 그녀는 전보다 훨씬 더 무섭고 끔찍한 악몽을 꾸었다. 심지어 꿈에서 그녀는 무참히 강간을 당하거나 사지가 찢기기도 했다. 그런데도 그녀는 여전히 정신과 의사의 경고를 무시했다.

얼마 지나지 않아서 그녀는 정말로 숲에서 한 미치광이의 습격을 받아 온몸에 큰 중상을 입었다. 그녀의 날카로운 비명소리에 사람들이 달려오지 않았더라면, 그녀는 아마 목숨을 잃었을지도 모른다.

'꿈이 현실로 나타난' 위의 두 사례는 신기할 것도 없고 이해하기 어려울 것도 없다. 사실 그녀의 잠재의식 속에는 그런 위험에 대한 갈망이 비밀스럽게 존재하고 있었을 것이다. 또한 등산을 탐닉했던 그 남자의 잠재의식 속에는 차라리 위험한 일을 당해서 현재 자신이 처한 궁지에서 벗어나고 싶다는 바람이 있었을지도 모른다. 흔히 '사람들이 고통을 겪는 이유는 잘못된 일을 좇는 데 있다'고 한다. 그들은 아마 그렇게 잘못된 일을 좇다가 생명까지 잃는 비싼 대가를 치를 거라는 것을 전혀 예상하지 못했을 것이다.

이런 사례들을 보면, 어떤 일이 진짜로 발생하기 전에 꿈은 때때로 한발 앞서 경고해 준다는 사실을 알 수 있다. 이것은 결코 놀라운 일이 아니다. 사는 동안 겪게 되는 여러 재앙에 대해 저 멀리서부터 들려오는 잠재의식의 조기 경보는 늘 있어왔다. 다만 우리는 곧 발생할 재앙을 향해 한 걸음씩 나아가면서도 미처 깨닫지 못할 뿐이다. 하지만 사람이 맡지 못하는 냄새를 동물이 알아차리듯, '의식'이 감지하지 못하는 부분을 예민한 '잠재의식'이 미리 알아차려서 꿈을 통해 사람들에게 경고해 준다.

우리는 '육체'와 '영혼'이 긴밀하게 결합하여
서로 협력해야 비로소 정상적으로 생활할 수 있다.
하지만 만약 둘 중 어느 하나가 결핍되면
'사람이지만 사람이 아닌 것이 된다!'

4장

아홉 단계를 오르내리는 오묘한 궁전 _최면

"세상에서 가장 강한 기생충이 뭔지 아세요? 세균? 바이러스? 아니면 창자 속 연충?

아니요, 그건 바로 '생각'입니다. 생각은 끈질기고 전염성이 강해요. 어떤 생각이 한번 머릿속에 고착되면, 그것을 제거하는 것은 거의 불가능합니다. 완전한 형태에 확실하게 이해된 생각은 머릿속에 콕 박혀 있죠." _ 영화 「인셉션Inception」 중에서

최면은 잠재의식으로 들어가는 또 다른 하나의 방식으로, 영화 속 '꿈을 훔치는 것'과는 방법이 좀 다르지만 비슷한 점이 많다. 영화에서는 한 '재벌 2세'의 꿈속에 어떠한 생각을 심어놓음으로써, 그의 잠재의식 세계를 변화시키고 실제 생활에서 하게 되는 결정을 좌지우지하게 만든다. 그런데 영화가 아닌 현실에서 최면에 걸린 사람에게 벌어지는 일들도 영화 못지않게 신기하다.

시간을 주무르고
공간을 집어삼키는 최면

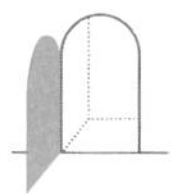

K는 21살의 공무원이다. 그녀는 오래전부터 잇몸 염증으로 통증에 시달렸다. 통증이 점점 심해지자, 도저히 참지 못해 의사를 찾아갔다. 진료를 마친 후 의사는 검사소견을 말했다.

"잇몸이 심하게 부었어요. 일단 칼로 잇몸을 째고 고름을 짜내는 게 좋겠어요!"

K는 그 말을 듣자마자 다리에 힘이 풀렸다.

"저는 주삿바늘에 대한 공포가 있어요. 그래서 마취약은 도저히 맞지 못할 것 같아요. 그렇다고 마취약을 맞지 않고 치료를 받으면 고통이 심할 텐데 어떡하죠?"

의사는 그녀의 말을 듣고 고민에 빠졌다. '통증 때문에 쇼크라도 일으키면 응급처치를 해야 할지도 모르는데, 무턱대고 치료를 시작하는 것은 적절한 방법은 아닌 것 같다. 그렇다고 계속 치료를 하지 않고 고름이 곪아 터질 때까지 기다릴 수도 없는 노릇이다. 속수무책으로 고민하던 의사는 갑자기 무언가 생각났는지 이마를 '탁' 쳤다.

'그렇지! 최면으로 환자를 마취시킬 수 있다는 말을 들은 적이 있는데, 그에게 한번 도움을 요청해 볼까?'

의사는 최면술사를 불렀다. 최면술사가 주문을 걸자, K는 금방 깊은 최면 상태에 빠졌다. 의사는 그때를 놓치지 않고 치료를 시작했고 그녀는 아무런 통증도 느끼지 못했다.

위의 사례 외에 '시간 마법의 물약'도 있다. 이것은 최면의 효과를 확실하게 보여줄 뿐만 아니라 사람들에게 깊은 깨달음을 줄 수 있는 최면 기법으로, '마음이 젊으면 몸도 젊다'는 말처럼 나이는 숫자에 불과하다는 사실을 증명한다.

맨 먼저 최면술사는 마법의 물약을 두 병 준비했는데, 하나는 마시면 젊어진다는 빨간색 물약이고, 다른 하나는 반대로 마시면 늙는다는 파란색 물약이다. 그런 다음 최면술사는 최면 시범에 참여할 한 젊은 관중을 무대로 불러낸 후, 그에게 빨간색 마법의 물약을 주며 이렇게 말한다.

"이 물약을 마시면 약이 온몸으로 퍼지면서 당신은 점점 젊어지고 어린아이가 됩니다."

그러면 그의 태도가 조금씩 변하기 시작한다. 최면술사는 계속해서 암시를 준다.

"마법의 물약이 점점 더 큰 힘을 발휘합니다. 이제 당신은 걸음마도 배우지 않은 갓난아기가 되었습니다."

그러자 그는 실제로 무대에서 엎드려 기어 다니기 시작한다. 그 후에도 눈이 휘둥그레질 만큼 놀라운 장면이 계속해서 이어진다. 최면술사가 또다시 암시를 준다.

"이제 마법의 물약이 더욱더 큰 힘을 발휘합니다. 당신은 지금 엄마의 자궁 안에 있습니다."

말이 끝나기가 무섭게 그는 뱃속 태아처럼 몸을 바싹 웅크리는데, 평범한 어른이라면 도저히 불가능할 정도로 몸을 작게 만다. 얼마 후 최면술사는 이제 파란색 물약을 들고 나와 이렇게 말한다.

"이제 이 파란색 물약을 마시면 당신은 점점 원래의 나이를 회복했다가 늙어갈 것입니다."

그가 파란색 물약을 마시자 최면술사는 이렇게 말한다.

"마법의 물약이 큰 힘을 발휘하기 시작합니다. …당신은 이제 나이를 먹습니다. …당신은 갓난아기가 되었다가 어린아이가 되었고, 그 후 다시 청년이 되었습니다. …당신은 이제 원래의 나이를 완전히 회복했습니다."

최면술사의 암시에 따라 그는 땅을 기다가, 일어나 걸으면서 점점 원래의 상태로 되돌아온다. 최면술사는 거기서 멈추지 않고 더 암시를 준다.

"마법의 물약은 여전히 큰 힘을 발휘합니다. 당신은 이제 점점 늙어서 할아버지가 되었습니다."

그러자 그의 동작이 조금씩 느려지며, 최종적으로는 지팡이를 짚고 겨우 걸어갈 정도로 쇠약한 모습을 보인다. 모든 시범이 끝나면 최면술사는 마지막으로 두 개의 물약을 혼합하여 출연자에게 마시게 한다.

"물약 두 개가 섞여서 서로의 효력이 중화되었습니다. 이제 당신은 원래의 나이로 돌아갑니다." 그러면 출연자는 최면에서 깨어난다.

이 같은 신기한 최면 효과를 어떻게 해석해야 할까? 이 문제를 명확하게 하기 위해서, 먼저 '해리성 장애dissociative disorders'라는 정신질환에 대해 알아보자.

고통을 피해 여행을 떠나는 영혼
– 해리성 장애

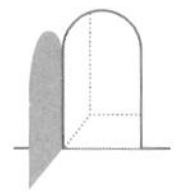

인간은 모두 '육체'와 '영혼'으로 이루어져 있다. '육체'는 겉으로 드러나며 볼 수도 만질 수도 있는 실제 물리적으로 존재하는 것들을 가리킨다. 반면에 '영혼'은 내재적인 제어 시스템으로 보거나 만질 수는 없지만, 우리에게 확실한 영향을 미치는 기억, 의식, 성감性感, 사유 등이 포함된다. 우리는 '육체'와 '영혼'이 긴밀하게 결합하여 서로 협력해야 비로소 정상적으로 생활할 수 있다. 하지만 만약 둘 중 어느 하나가 결핍되면 '사람이지만 사람이 아닌 것이 된다!'

우리가 길을 가다가 자동차 사고를 당했다고 생각해 보자. 사지가 부러지거나 내장이 뒤틀리는 것과 같은 감당할 수 없는 고통을 당하면 우리의 영혼도 이리저리 흩어지고 갈기갈기 찢겨 완전히 다른 상태로 변해 버린다. 그런데 사람들 중에는 자신의 영혼이 '원래 마땅히 있어야 할 곳에 머물기를' 원치 않는 경우가 있다.

이게 무슨 말일까? '영혼이 있어야 할 자리에 머문다'는 것은 그 사람이 겪은 고통의 상처를 계속해서 마주 봐야 한다는 것이다. 그래서 그들은 고통에서 벗어나려는 일종의 극단적인 방식으로 '영혼을 가지고 도주'하는데, 그로 인해 생겨난 것이 바로 '해리성 장애'다.

해리성 장애의 '해리解離'에는 몇 가지 형태가 있다.

첫 번째는 상처 입은 영혼이 떠나되 육체를 그냥 내버려 두지 않고 여러 대리인을 두는 형태다. 이 대리인들이 대신해 교대로 육체를 관리하지만 가끔은 원래의 영혼도 되돌아와 관리를 한다. 이 형태는 모두에게 너무나 익숙한 상황으로, 이른바 '해리성 정체감 장애Dissociative identity disorder', 쉬운 말로는 '다중인격장애multiple personality disorder'라고 한다. 관심 있는 사람이라면 다중인격의 전형적인 사례를 보여주는 영화인 「아이덴티티Identity」를 찾아서 감상하기 바란다.

또 다른 해리 형태는 상처 입은 영혼이 떠나면서 오직 하나의 대리인을 두고, 그 대리인과 육체가 함께 '먼 여행'을 떠나는 경우다. 그러다가 나중에 원래의 영혼이 돌아오면 그동안 대리인과 육체가 어디서 무얼 했는지 전혀 모른다. 이러한 형태를 '해리성 둔주Dissociative fugue'라고 한다. 이 형태와 '해리성 정체감 장애'와의 가장 큰 차이점은 '여행'이다. '해리성 둔주'는 여행을 좋아하고 여러 개의 인격이 반복적으로 바뀌지 않는다. 마치 다음 사례와 같다.

46세의 경찰서장 A는 어느 날 해리성 둔주 발작을 일으켰는데, 깨어나 보니 자신의 집에서 320㎞나 떨어진 곳에 있었다. 그는 즉시 집으로 돌아왔지만 집을 떠난 며칠간 자신이 어디서 무슨 일을 했었는지가 도무지 기억나지 않았다. 후에 목격자의 진술에 따르면, 평소 착실한 경찰서장이던 A는 '여행' 중에 가는 곳마다 흉악한 범죄를 저지르는 악당처럼 행동했다고 한다. 사실 그것은 A가 은근히 동경하던 모습이기도 했다. 그동안 A는 가명을 사용했고, 만취 상태로 길거리 깡패들과 함께 나쁜 짓을 일삼았으며, 매춘 업소에서 난잡한 파티를 벌이기도 했다.

세 번째 해리 형태는 영혼이 떠나지만 대리인이 없어서, 육체가 영혼의 지배를 받지 않는 '이인증 장애Depersonalization disorder'

다. 이런 상황에서 환자는 자신의 영혼이 몸 밖으로 나가고 마치 방관자가 된 듯한 느낌을 받는다. 마치 '유체이탈'과 같은 경험이다. 다음은 B의 경험이다.

B는 20대 무용 교사로, 평소에 자신이 '튕겨 나간 것' 같은 느낌을 자주 받는다고 한다. '튕겨 나가는 것'이 무슨 뜻이냐고 묻자 그녀는 이렇게 대답했다.

"그건 아마도 세상에서 가장 끔찍한 일일 겁니다. 주로 무용 수업을 할 때 벌어지는데요. 한번은 학생들 앞에서 스텝 시범을 보이고 있었는데, 갑자기 내가 진짜 내가 아니며, 내 다리를 내가 움직이고 있지 않다는 느낌이 들었습니다. 그 순간에 나는 그냥 내 뒤에 서서 나를 지켜보고 있는 구경꾼 같았습니다. 게다가 점점 시야가 좁아지더니, 마치 좁은 관을 통해서 지극히 한정된 부분만 보는 것 같은 '튜블러 시야Tubular vision'가 나타났죠. 정말이지 주위에서 일어나는 모든 일에서 내가 완전히 분리된 것 같은 느낌이었습니다. 나는 곧 공황 상태에 빠져 식은땀을 흘렸고 온몸이 마비되었습니다."

최면에 관한 카테고리 안에서 내가 이런 정신질환에 대해서 언급하는 이유는 매우 간단하다. 최면도 일종의 '변이變異'된 심리적 이상 상태이기 때문이다. 그래서 심리적 이상 상태에서 나타나는 환각, 감각 이상, 몽유 등은 최면 상태에서도 똑같이 일어날 수 있다. 다만 이 두 가지를 구별하는 방법이 있다. 심리적 이상 상태는 원하지 않는 상태에서 통제력을 잃어서 생기는 결과이며, 최면은 인위적으로 만들어 통제한 결과로, 최면에 걸린 사람의 건강한 인격에는 영향을 주지 않는다.

무용 교사인 B의 사례를 다시 살펴보자. 그녀가 '이인증 장애'를 겪을 때 나타난 '튜블러 시야'는 사실 최면 상태에서 계속 눈을 뜨고 있는 사람에게 항상 나타나는 '터널 시야tunnel vision'와 같다. '터널 시야'란 말 그대로 터널 안에 있는 당신이 바깥쪽을 바라보는 것처럼 시야가 집중되어 눈앞의 물체만 간신히 보이고 주위의 모든 것은 어둡고 흐리게 보이는 현상이다.

그 외에도 최면에 걸린 사람은 '자신의 눈'으로 정상적인 물체를 흑백, 만화경, 필름 등의 사진 효과와 비슷하게 볼 수 있다. 또한 실제로 존재하는 물체를 상상 속의 물체라고 생각하는데, 가령 최면술사의 얼굴을 전혀 다른 사람의 얼굴로 볼 수도 있다. 만약 눈을 감은 상태로 최면에 걸려있다면, 그 사람의 머릿속에서는 '대폭발'이라도 일어난 것처럼 지난날의 기억들이 모두 떠오르고 각종 기하학적 도형과 상징성을 지닌 부호들이 농간을 부릴 것이다. 그러나 이러한 시각적 '변이'들도 다음에 나올 사례에 비하면 아무것도 아니다.

지금부터 이야기할 사례는 사람의 시각적 인지 능력을 최고치까지 끌어올렸을 뿐만 아니라, 말 그대로 과학에 대한 도전이라고 할 수 있기 때문이다. 지금까지도 이 현상에 대해 정확히 밝혀낸 사람은 없다.

인체를 꿰뚫는 X선 소년

이 사례의 주인공은 겨우 12살 된 소년이다. 이 소년의 특별한 점은 바로 최면에 걸린 상태에서는 신기하게도 X선과 같은 눈을 갖게 된다는 것이다. 다시 말해 소년은 최면에 걸리면 자신의 눈으로 사람들의 옷, 피부, 근육을 모두 투과해서 인체의 골격과 내장기관까지 훤히 볼 수 있었다. 더욱 놀라운 것은 소년의 마법 같은 두 눈은 인체 내부 조직의 색깔까지도 선명하게 볼 수 있다는 사실이다. 소년은 붉은색, 흰색, 갈색뿐만 아니라 파란색의 정맥혈도 뚜렷이 볼 수 있었는데, 이것은 X선으로도 도저히 불가능한 일이다. 알다시피 X선을 통해 인체조직들을 보면 겨우 그림자처럼 까맣게 보일 뿐이다.

이미 무수한 전문가들이 소년을 직접 찾아가 'X선 눈'을 살펴보았고 이것이 모두 사실임을 증명했다. 그 가운데에는 의학박

사인 버트도 있었다. 버트 박사는 그때의 일을 이렇게 회상했다.

내가 처음 소년의 능력을 본 것은 2월의 어느 오후였다. 그날 아이는 아버지와 함께 나를 찾아왔다. 둘을 내 사무실로 안내한 사람은 수간호사였다. 당시 수간호사는 지독한 감기를 앓고 있었고, 주위 사람들도 모두 그런 줄 알고 있었다. 그녀는 소년의 'X선 같은 눈' 이야기를 듣고는 농담처럼 자신의 몸도 한번 봐 달라고 부탁했다. 그러자 소년의 아버지도 이에 기꺼이 동의했다. 잠시 뒤, 소년의 아버지는 아들에게 최면을 걸었다. 소년은 커다랗고 동그란 두 눈으로 수간호사를 1분 정도 훑어보더니 이렇게 말했다.

"아빠, 폐에 상처 같은 것이 보여요. 거기 뭔가 잔뜩 모여 있는데, 아무래도 폐부에서 흐른 피 같아요."

수간호사는 너무나 놀라고 당황해서 소년의 말을 끝까지 듣지 못했다. 그들이 돌아간 뒤, 수간호사는 나에게 얼마 전 한두 번 피를 토한 적이 있다고 말해 주었다. 나는 몹시 걱정되어 그녀에게 검사를 받아보는 것이 좋겠다고 말했다. 하지만 그녀는 여태까지 건강에 별문제가 없었고 피를 토한 것도 위출혈 때문일 것이라고 생각하고는, 검사도 받지 않고 그냥 넘어갔다. 그러나 몇 달 뒤 6월의 어느 날, 수간호사는 급성 폐결핵으로 안타깝게도 세상을 떠나고 말았다.

나인 듯 내가 아닌 나와 같은 나

앞서 B의 표현에서처럼 '내가 내 다리를 움직이고 있지 않다는 느낌'이나 '주위에서 일어나는 모든 일에서 내가 완전히 분리된 것 같은 느낌'은 사실 최면에 걸린 사람들에게서 나타나는 감각 방면의 '이상' 상태와 같다.

최면에 걸렸을 때 가장 흔히 경험하는 것은 몸의 일부분이 사라지거나 몸이 완전히 따로 노는 것 같은 느낌이다. 예를 들어 최면에 걸린 사람은 자신의 뇌가 마치 풍선처럼 점점 부풀려지는 것 같다가, 결국에는 자기 몸을 아예 벗어나 저 혼자 공중을 떠다니는 듯한 느낌을 받는다고 한다. 이것은 마치 이토 준지伊藤潤二의 공포만화 『공포의 기구』를 떠올리게 한다.

이와 유사한 경우로 '사라진 엉덩이'라는 최면 시범도 있다. 최면술사는 최면에 걸린 사람들에게 그들의 엉덩이가 사라졌다고 말한다. 그러면 최면에 걸린 사람들은 정말로 자신의 엉덩이가 사라졌다고 생각하고 어떻게 앉아야 할지 몰라 당황해한다. 그러면서 각자 이 문제를 해결하려고 하는데, 가령 어떤 사람은 베개로 엉덩이 부분을 감싸서 '가짜 엉덩이'를 만들기도 하고,

또 어떤 사람은 손을 엉덩이에 대고 깔고 앉기도 한다. 그 모습을 지켜보고 있으면 웃지 않을 수 없다.

이상의 여러 사례들은 한마디로 최면에 걸린 사람에게 나타나는 '환각' 상태다.

그럼 앞으로 되돌아가서 경찰서장 A를 다시 살펴보자. 그가 '먼 여행'에서 한 일들인 '가명을 사용하고, 만취 상태로 길거리 깡패들과 함께 나쁜 짓을 일삼으며, 매춘 업소에서 난잡한 파티를 벌이기도 했다'는 것은 바로 최면에 걸린 사람에게 흔히 나타나는 '몽유' 상태를 말한다.

다음 사례도 한번 살펴보자. 일단 최면에 걸릴 사람을 B라고 하겠다. 최면술사는 최면에 걸린 B에게 시계 하나를 훔치라고 말한다. 그 시계는 비밀번호로 열리는 자물쇠가 달린 트렁크 안에 들어있었다. B는 최면에 걸린 후 두 시간 만에 상식적으로는 도저히 불가능한 이 미션을 성공적으로 해냈다. 게다가 그는 '장물을 처분할' 곳으로 약국을 선택하는 것도 잊지 않았다. 그것은 B가 약국을 전당포로 상상해서 벌어진 일로 황당하고 웃긴 선택이었다.

최면술사는 여기서 '만족'하지 않고 최면이 인간의 행위에 미치는 영향이 얼마나 큰지를 시험하고자 더욱 코미디 같은 상황을 연출했다. 우선 최면술사는 예전에 B에게 심한 모욕감을 준 적이 있는 가상의 인물이 지금 문밖에 서 있다는 암시를 주었다. 그러면서 B에게 가상의 '칼'(사실은 평범한 빗이었다)을 쥐여주며 그 사람을 죽이라고 명령했다. 그러자 B는 곧바로 문 앞으로 다가가더니 조금도 주저하지 않고 칼로 '그 사람'을 찔렀다. (사실은 허공에 대고 빗을 휘둘렀다.) B는 살인이 끝나자 극도로 허둥대며 말했다.

"내… 내가 사람을 죽였어요. 그가 피를 흘리고 있어요. 이제 곧 경찰들이 들이닥칠 거예요."

그러나 최면에서 깨어난 B는 자신이 그동안 조용히 의자에 앉아서 잤다고 믿고 있었다. B가 최면에 걸린 상태에서 그처럼 '훌륭한 연기'를 했음을 전혀 모르는 것은 마치 경찰서장 A가 '먼 여행'에서 돌아온 후에 그동안 자신이 어디서 무엇을 했는지 전혀 모르는 것과 똑같다. 이것은 최면에 걸린 사람에게 흔히 나타나는 '기억상실' 상태다.

A나 B의 사례보다 더 심각한 경우는 최면에 걸린 사람이 어느 한순간의 진짜 기억을 완전히 잃어버릴 수도 있다는 것이다. 가령 자신이 배운 언어를 전부 잊어버리는 경우도 있다.

그런데 여기서 최면에 대한 잘못된 인식 하나를 바로잡을 필요가 있다. 최면에 걸린 모든 사람이 최면 중의 있었던 일을 잊어버리는 것은 아니며, 일부를 기억하는 이도 있다. 예를 들어 어떤 사람은 최면에 걸린 후에 작은 새가 집 안으로 들어온 상황을 경험했다. 그는 그 새에게 먹이를 주었고 함께 놀고 싶어서 가상의 바구니로 새를 잡으려고 시도했다. 최면에서 깨어난 후, 그는 새를 보았다는 사실을 어렴풋하게 기억해냈다. 한편, 최면에 걸렸을 때 일어난 일을 모두 기억하는 사람들도 종종 있다. 심지어 최면에 걸린 사람이 몇 년 전에 있었던 까마득히 잊고 지냈던 일까지도 또렷하게 기억해내기도 한다.

최면에서 깨어난 뒤의 기억은 다음과 같은 정도의 차이가 있다.

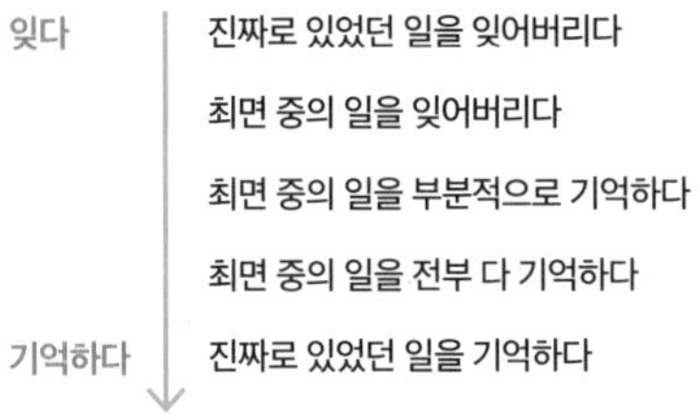

잊다	진짜로 있었던 일을 잊어버리다
	최면 중의 일을 잊어버리다
	최면 중의 일을 부분적으로 기억하다
	최면 중의 일을 전부 다 기억하다
기억하다	진짜로 있었던 일을 기억하다

그렇다면 이러한 차이가 생기는 원인은 무엇일까? 또 최면 중에 누구는 몸이 뻣뻣해지기도 하고, 누구는 몽유병처럼 돌아다니며, 또 누구는 환각을 만들어내는 등의 차이는 왜 생기는 것일까?

영화 <인셉션>보다 더 황홀한

최면 속 지하 궁전

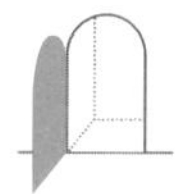

영화 「인셉션」에는 모두 4단계의 꿈이 조작된다. 만약 혼돈 상태LimBo까지 포함한다면 모두 5단계가 된다. 단계가 많을수록 꿈의 세계는 불안정해서 외부의 영향을 조금이라도 받게 되면 금방 붕괴된다. 그런데 최면은 「인셉션」 속 꿈보다 더욱 복잡한 9단계로 이뤄진다. 다 함께 '9단계의 최면 속 지하 궁전'으로 들어가 보자.

제1단계 : 눈꺼풀이 무거워지고 졸음이 온다

1단계의 최면 상태에 있는 사람은 통상적으로 편안하게 눈을 감고 있다. 그들은 아직 잠든 것은 아니고 단지 눈꺼풀이 무거워지고 졸린 것뿐이라고 말한다. 몸의 경직이나 착각, 환각 등의 현상이 나타나지 않기 때문에 최면 상태에 들어가지 않은 것처럼 보이지만, 이미 최면의 영향을 받고 있다. 만약 이때 몸의 어느 부위에 열이 있다는 암시를 주면 그들은 진짜로 그 부위에 열이 난다고 느낄 것이다.

제2단계 : 눈을 뜨고 싶어도 결코 눈이 떠지지 않는다

2단계의 지하 궁전으로 들어가도 기본적으로는 1단계와 똑같은 상태다. 유일한 차이점은 최면에 걸리면 눈을 뜨고 싶어도 그럴 수 없다는 것이다. 최면의 영향을 조금 더 받는다고 할 수 있다.

제3단계 : 몸이 돌덩이처럼 굳기 시작한다

지하 궁전으로 계속해서 들어가 3단계에 이르면 몸이 조금씩 굳기 시작한다. 그리고 몸을 전혀 움직이지 않고 똑같은 자세를 유지할 수 있다. 만약 최면술사가 그들의 팔을 들어 올리면 손을 뗀 후에도 여전히 팔을 꼿꼿하게 들고 있다. 다리를 들어 올려도 마찬가지다. 혹시 이때 그들이 자세를 바꾸려고 하면 곧바로 최면에서 깨어날 것이다. 자세를 바꾸는 것은 의식이 회복되어 의지의 힘을 빌려야 가능하기 때문이다.

제4단계 : 최면술사의 행동을 기계적으로 따라 한다

이 단계에 이르면 대부분의 사람들은 자신이 최면의 영향을 확실히 받았다고 인정한다. 몸의 경직이 더욱 명확하게 나타나기 때문이다. 이 외에도 '자주운동(자동운동)'이라는 새로운 증후가 나타난다. 최면에 걸린 사람이 최면술사의 동작을 보고 무의식적으로 따라 하는 것을 말한다. 가령 최면술사가 앞에서 한쪽 팔을 다른 팔 위로 돌리면, 최면에 걸린 사람이 이를 똑같이 따라 한다. 그들이 간단한 동작을 단순히 흉내 내는 것이라고 생각한다면 큰 오산이다. '자주운동'의 모방 능력은 세탁기, 타자기, 거품기와 같은 전자제품도 흉내 낼 정도 상당히 정교하기 때문이다.

제5단계 : 몸을 내 의지대로 움직일 수 없다

이 단계에서 최면에 걸린 사람의 신체는 '가슴에 큰 돌을 올려놓고 부숴도 될 만큼' 경직된다. 자주운동도 계속해서 나타난다. 그리고 이때는 제3단계와 다르게 자세를 바꾸고 싶어도 그럴 수 없다.

제6단계 : 몽유 상태에 이르다

이 단계에 이르면 최면에 걸린 사람은 조금 주저하거나 굼뜨기는 해도 최면술사의 지휘에 복종하고 그가 시킨 일을 하게 된다. 이것이 바로 '몽유'다. 이 단계에서 가능한 몽유 동작은 '가! 멈춰!' 등과 같이 비교적 간단한 동작이어야 한다.

제7단계 : 복잡한 동작의 몽유가 일어난다

이 단계에서는 몽유가 더욱 빈번하고 동작도 복잡해진다.

제8단계 : 환각의 전 단계에 도달한다

몸의 예민함, 경직, 자주운동, 몽유를 포함해 7단계에서 가능했던 상황이 이 단계에서도 그대로 발생한다. 아직 유일하게 나타나지 않은 것은 '환각'인데, 그것도 이미 나타날 준비가 되어 있다.

제9단계 : 환각의 절정, 모든 것이 실제 같다

최면의 지하 궁전 마지막 단계에서 마침내 환각이 나타난다. 언급했던 환각들이 실제인 듯 생생하게 나타난다.

영화 <인셉션>보다 더 영화 같은 일을 경험하다

영화 「인셉션」에서 주인공은 상당히 제한적으로, 또한 복잡하게 꿈의 단계를 옮겨 다닌다. 만약 다음 단계의 꿈에 들어가려면, 지금 있는 꿈속에서 잠이 들어 다음 단계의 꿈을 만들어야 한다. 또한 이전 단계의 꿈으로 돌아가고 싶다면 지금의 꿈에서 죽거나 이전 단계에 있는 자신의 몸이 추락과 같은 강력한 무중력 자극을 받아야 한다.

그렇다면 최면의 공간 속을 드나드는 일도 이와 같을까? 다행히 그렇게 번거롭지는 않다. 최면에 걸린 사람은 시작하자마자 깊은 최면 상태에 빠지고, 그 후 가벼운 단계나 중간 단계로 넘어간다. 그리고 최면에서 깰 때는 마지막으로 다시 깊은 최면 상태에 빠진다. 힘들거나 막히는 일 없이 자유자재로 최면의 각 단계를 오갈 수 있다.

여기서 최면에 대한 잘못된 인식 하나를 바로잡자면, 깊은 최면에 걸렸다고 해서 반드시 그 효과가 가장 좋은 것은 아니라는 사실이다. 때에 따라 적절한 최면에 빠지는 것이 가장 좋다. 예를 들어 '자주운동'의 효과가 필요하다면 앞에서 언급했던 네 번째 단계로 최면의 깊이를 조절하면 된다.

영화 「인셉션」에서는 꿈속 대뇌의 공률功率(단위시간 내에 할 수 있는 일의 분량)이 정상 상태의 20배라고 설정해 놓았다. 즉, 제1단계에서 1주일이라는 시간은 제2단계에서는 반년, 제3단계에서는 10년에 해당되는 것이다.

그렇다면 최면에는 이런 시간적인 가설이 있을까? 물론 없다. 최면에서는 그렇게 시간을 따지지 않는다. 최면은 원하는 단계에 자유자재로 들어갈 수 있는 것만큼 시간도 융통성 있게 조절할 수 있다. 가령 과거로 돌아가 노인에서 소년이 될 수도 있고, 미래로 가서 점치지 않고도 미리 알 수 있다. 또한 시간을 왜곡할 수 있어서, 1분을 한 시간처럼 느끼게 연장할 수도 있고, 반대로 한 시간 동안 겪은 일을 1분 동안 겪은 일처럼 시간을 압축할 수도 있다. 예를 들어 '시간 연장'의 사례를 들면, 최면에 걸린 사람은 실제로는 1분밖에 되지 않는 시간 동안 다음과 같은 일을 경험할 수 있다.

10분 동안 걸었다.

15분이나 도끼로 나무를 찍었다.

15분간 음악을 들었다.

30분 동안 공부했다.

친구와 한 시간 동안 수다를 떨었다.

최면에 걸려 바뀐 '시간 감각'은 최면이 끝나도 계속 영향을 줄 수 있다. 즉, 최면에 걸린 사람은 최면이 끝나도 최면술사가 건 암시의 도움으로 24시간, 1,000분, 2,000분, 1개월, 심지어 그보다 더 오랫동안 어떤 특정한 행위나 반응을 보일 수 있다. 이런 사례는 실제로도 많다. 한 최면술사는 어떤 사람에게 최면을 걸어 정확히 43,334분 후에 손으로 열 십자를 그리라는 암시를 주었다. 최면에 걸린 사람은 놀랍게도 정확히 그 시간에 그 동작을 해냈다. 당시 그는 최면 중에 있었던 일은커녕, 최면에 걸렸던 사실조차 기억하지 못했다.

어떻게 이런 일이 가능할까? 그것은 바로 최면 중에 그런 지시를 내렸기 때문이다. 그러면 최면에 걸린 사람의 잠재의식이 지시를 받아들여 시간을 계산했다가 정확히 지시를 따른다.

잠재의식의 '시간 기억'은 상당히 정확해서, 약속된 시간이 되면 곧바로 신체 반응을 일으켜 지시대로 움직이게 한다. 그러나 최면에 걸린 사람의 의식은 이것에 대해 아무것도 모른다. 최면술사의 지시가 의식을 우회해서 잠재의식에 전달되기 때문이다. 그래서 최면에서 깨어나면 그 사람의 의식은 잠재의식이 '암암리에' 진행하고 있는 시간 계산을 눈치채지 못한다. 그러다가 영문도 모른 채 엉뚱한 행동을 해놓고 이렇게 황당해한다.

"아니 도대체 뭐가 어떻게 된 거야?"

일부 최면 시범 중에 최면술사가 손을 들거나 손바닥으로 무언가를 치면 상대방이 갑자기 최면 상태에 들어가는 이유도 이것으로 설명할 수 있다. 최면 시범을 보이는 이들은 이미 사전에 최면을 연습했을 것이다. 그리고 그때 최면술사는 그들에게 '잠시 뒤 제가 어떤 동작을 취하면 당신들은 또다시 최면에 빠집니다.'라는 암시를 해두었을 것이다. 그러면 속사정을 모르는 관객들은 매우 간단한 동작만으로 최면을 거는 최면술사를 대단하다고 여기게 된다.

최면은 과연 진짜일까?

사람들은 대개 꿈이 언제 시작되는지, 또 꿈에 서 있는 곳에 어떻게 갔는지를 알지 못하기 때문에 꿈과 현실을 혼동하기 쉽다. 그렇다면 최면과 현실의 구별에 대해서도 말해 보자. 어떻게 하면 최면의 진위를 가려낼 수 있을까?

우선 최면에 걸린 사람의 힘과 대뇌 회전 정도는 정상 상태보다 훨씬 뛰어나다. 이 점은 전혀 의심할 바 없는 사실로, 앞서 최면 상태에서 성공적으로 트렁크를 연 사례를 보아도 알 수 있다. 또한 깊은 최면에 빠진 사람의 표정이나 행동, 목소리는 정상 상태와는 확연히 다르다. 최면에 걸린 사람들은 평소보다 더욱 우아하게 행동한다. 마치 그들의 몸속에 들어있던 수준 있고 똑똑하며 매력적인 인격이 되살아나 저속하고 조잡한 모습들을 모두 감추려는 것 같다.

최면에 걸린 사람은 모든 가면을 벗어던지고 '아무것도 꾸미지 않은' 순수한 영혼을 우리 앞에 드러낸다. 그것은 마치 영화 「향수Perfume」에서 광장에 모인 수많은 사람이 남녀노소를 불문하고 옷을 벗어 던지며 원초적인 상태로 서로를 애무하는 장면을 연상시킨다. 심지어 어떤 사람은 최면에 걸렸을 때 가장 신성하고 순결한 표정을 짓기도 한다. 그 표정은 무수히 많은 예술가들이 그려왔던 성모 마리아나 천사의 모습과 비교해도 손색이 없을 만큼 순수해서, 이를 본 사람들도 덩달아 세상이 아름답고 사랑으로 가득 찬 느낌을 받는다. 만약 인간의 성품이 본래부터 선善한 것이라고 보았던 맹자가 이 모습을 보았다면, '이것이 바로 '성선설性善說'이 아닐까' 하며 몹시 즐거워했을 것이다.

마지막으로 잇몸 치료를 받았던 K처럼 깊은 최면 상태에 빠진 사람은 현실과 달리 고통을 전혀 느끼지 못한다. 전문가가 아닌 일반 사람이 주사를 찔러도 고통을 느끼지 못할 것이다.

최면에 걸리는 것을 잠자는 것과 똑같다고 말하는 사람이 있다. 하지만 이런 견해는 결코 옳지 않다. 여기서 둘의 차이점을 분명히 말해두고 싶다. 최면 중에 사람의 몸은 뻣뻣하게 굳어서 어떤 물건을 손에 쥐여주면 절대 놓치지 않는다. 그러나 자는 동안에는 몸에 힘이 풀리고 손에 쥐고 있던 물건도 스르르 놓게 된다.

처음에 언급했던 것처럼 영화 「인셉션」에서는 꿈에 다른 사람의 잠재의식 속에 심어둔 하나의 생각이 잠에서 깨어난 뒤에 그 사람의 행동에도 영향을 미친다고 했다.

그렇다면 최면도 이런 방식으로 최면에 걸린 사람에게 영향을 미칠 수 있을까? 이 부분에서 나는 또 한 번 최면에 대한 사람들의 오해를 풀어야 한다. 최면은 외부의 생각을 어떤 사람의 잠재의식 속에 '심는' 것이 아니라, 잠재의식에 원래 존재하는 자원을 끌어내어 새로운 생각을 만들어내는 것이다.

잠재의식 속 다양한 자원을 음식 재료에 비유한다면, 최면은 각양각색의 재료를 이용하여 여러 요리를 만들어내는 요리사라고 할 수 있다. 이렇게 만들어진 요리들은 반드시 잠재의식의 입맛에 맞아야 비로소 받아들여지고 행동으로 나타나게 된다. 최면으로 만든 요리가 잠재의식의 입맛에 맞지 않는다는 말은 최면으로 만들어진 생각을 잠재의식이 받아들이지 않는다는 뜻이다. 최면에 걸린 사람의 원래의 가치관에 부합되지 않으면 그런 생각들은 아무런 작용을 하지 않는다.

다음 사례는 최면이 체액순환계통에 끼치는 영향을 잘 보여준다. 한 최면술사가 최면에 걸린 사람에게 “당신이 깨어난 뒤에 내가 지금 가리키는 곳에 붉은 점이 나타날 겁니다.”라고 말했다. 10분 뒤, 그가 최면에서 깨어나자, 최면술사가 가리킨 부위의 피부가 신기하게도 정말로 빨갛게 부어오르기 시작했다. 그런 후에 반점은 점점 더 붉어지다가 10~15분 뒤에야 조금씩 사라졌다.

이와 마찬가지로 최면으로 수포도 일으킬 수도 있다. 한 최면술사가 최면에 걸린 사람의 왼쪽 팔 위에 도장을 찍으면서 여기에 수포가 생길 것이라고 말했다. 다음날 오전 8시에 도장이 찍혔던 곳의 피부는 두껍게 주름이 지고 누런빛이 돌았지만 아직 수포는 보이지 않았다. 그런데 오후 4시가 되자 실제로 그 부위에 4~5개의 작은 수포가 보이기 시작했다. 그렇게 생긴 수포는 보름이 지난 뒤에도 가라앉지 않았다.

이제 당신은 최면에 빠져들 것이다,
레드 썬!

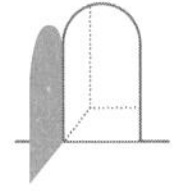

최면의 시작 _ '침투 준비'

내가 최면 파트에서 계속해서 영화 「인셉션」을 거론하는 이유는 간단하다. 영화 속 주인공이 꿈을 자유롭게 오가는 장면이 마치 인간이 최면에 걸리는 장면과 무척 흡사하면서도 차이점 또한 두드러져 비교하기 쉽기 때문이다. 또다시 영화 「인셉션」을 언급하자면 영화에서는 목표대상의 꿈에 잠입하는 일이 비교적 쉬워서 드림 머신과 강력한 진정제만 있으면 가능하다. 그러나 최면을 거는 일은 그리 간단하지 않으며 확실한 기술이 필요하다.

영화 「인셉션」에서는 꿈의 세계에 잠입하는 일은 비교적 간단한데도 주인공들은 사전에 목표대상인 '재벌 2세'에 대한 뒷조사를 한다. 그리고 그와 그의 부친이 마음에 맺힌 응어리 때문에 갈등의 골이 깊다는 사실을 알아내고, 그것을 근거로 꿈의 세계에 함정을 파 놓는다. 꿈에 진입하기 전 상대를 철저히 조사하는 것은 최면도 마찬가지다. 나의 잠재의식에 침투하기 전에 나를 알아야 한다. 즉, '지피지기知彼知己'는 최면을 걸기 전에도 반드시 갖춰야 할 자세다.

지구상에서 가장 복잡한 생물은 아마 인간일 것이다. 그만큼 사람마다 천차만별이며 제각각 독특하기 때문에 누구나 최면에 걸리는 것은 아니다. 다음은 최면에 잘 걸리는 사람의 특징이다. 당신은 이 중에서 몇 가지나 해당되는가?

A. 평소에 사실감 넘치는 공상에 잠길 때가 많다.

B. 상상력이 풍부하다.

C. 눈앞에서 벌어진 일이나 상상 속 모습에 쉽게 빠져든다.

D. 의존성이 강하고, 늘 다른 사람에게 가르침을 구한다.

E. 최면의 작용에 대해 의심하지 않는다.

우리는 대체적으로 이성적이고 똑똑하며 사리 분별이 분명한 사람은 최면에 걸리기 어려울 것으로 보지만 의외로 대개 머리가 똑똑하거나 많이 배운 사람일수록 최면에 빠지기 쉽다. 이런 사람들은 평소에도 호기심과 탐구심이 많고 창의성이 뛰어나기 때문이다.

오랫동안 사람들이 최면에 대해 가지고 있는 잘못된 인식 중 하나는 최면 과정에서 최면술사는 마치 하느님과 동급으로 모든 것을 주재하고 지시할 수 있다고 여기는 것이다. 100여 년 전에는 많은 최면술사가 무섭게 위협하듯 행동하면 최면을 걸 수 있다고 생각했다. 당시의 최면을 재연해 보자.

최면술사는 실험 참여자가 무대 위에 한쪽 발을 내딛는 순간 갑자기 손을 내밀어 그의 목덜미를 손으로 떠받친다. 관중들이 보기에 최면술사는 그가 무대 위로 쉽게 올라오도록 도와주는 것처럼 보인다. 그러나 무대 위로 올라오는 사람은 최면술사의 갑작스러운 행동이 무슨 의미인지 몰라서 어리둥절하고 당혹감을 느낀다. 최면술사는 그가 어떤 반응을 보이기 전에 다른 한쪽 손으로 그의 머리가 흔들릴 정도로 턱을 세게 친다. 사람들은 모두 얼떨떨해한다. 그러면 최면술사는 단호한 어조로 명령한다. "잠들어라! 너는 이제 잠이 들 것이다!" 그러면 그 사람은 '유괴

범'에게 납치라도 되는 것처럼 최면 상태에 빠진다.

이렇게 '강압적인' 최면이 성공했던 이유는 최면술사가 운 좋게 최면에 쉽게 걸리는 사람을 만났기 때문이다. 우리는 최면이란, 믿는 자에게 가능하고 믿지 않으면 '불가능한 영역'이라고 생각한다. 만약 그런 사람을 만나면 억지로 최면을 걸려고 해도 원하는 결과를 얻을 수 없다. 목표대상이 최면을 믿지 않거나 최면에 걸리기를 원치 않는다면, 최면술사가 제아무리 그의 턱을 때려도 헛수고라는 말이다.

최면술사가 실험 참여자를 선택했다면 그가 다음 단계로 해야 할 일은 바로 다음과 같은 질문을 하는 것이다.

"말해 주세요! 어디서 일해요? 무슨 일을 해요? 돈은 얼마나 벌어요? 나이가 몇이에요? 결혼은 했나요? 자식은 또 몇 명이에요?" 아마 이처럼 직설적인 질문은 없을 것이다.

위에서도 말했듯이 사람들은 저마다 생각하는 것도 다르고 또 수시로 변하기 때문에 천차만별인 그들을 상대로 천편일률적인 최면을 걸 수 없다. 그 사람의 '속사정'까지 훤히 꿰뚫고 있어야 비로소 다루기 쉬운 최적의 목표대상이 되고 최면 중의 돌발 상황에도 대응할 수 있는 것이다. 그러니 최면술사는 사전에 반드시 최면에 걸릴 사람의 가족 사항, 연령, 결혼 유무, 교육 배경,

직업과 인간관계에 대해서 알아둬야 한다.

가령 어떤 실험 대상자가 직장을 수시로 그만둘 만큼 변덕이 심하다면, 최면 중에도 똑같은 상황이 일어날 수 있다. 최면에 걸리려는 순간 갑자기 뒤로 물러날 수 있다고 예측할 수 있다. 이런 경우 최면술사는 자신의 최면 과정이 매우 복잡하다고 그에게 미리 말해둬야 한다.

이러한 것들을 이해했다면, 사람들이 최면에 걸리려는 이유도 이해해야 한다. 그들은 최면을 통해 무엇을 바꾸고 싶은 것일까? 최면은 일종의 심리치료 기술로 과거에 연연해하지 않고 미래를 두려워하지 않음을 일종의 이념처럼 받들고 있다. 최면에 걸리려는 사람의 심리를 살펴보면, "무엇을 버리고 싶다"보다 "무엇을 얻고 싶다"라는 격려가 더 많다.

A. 마음속에 맴도는 엄마의 목소리를 지우고 싶다.

B. 회의적인 생각을 몰아내고 싶다.

C. 내 과거를 완전히 잊고 싶다.

이것은 다음과 같은 의미로 바꿀 수 있다.

A. 엄마와의 관계를 개선하고 싶다.

B. 자신감을 가지고 싶다.

C. 내 미래를 희망으로 채우고 싶다.

최면 돌입 _ '공격 개시'

최면을 위한 사전 준비 작업은 기본적으로 끝이 났다. 이제부터는 정식으로 '잠입'에 착수하려고 한다. 이러한 '잠입' 행동은 열악한 자연환경 속에서 적의 저지와 추격에 대비해야 하는 전투에 비유할 수 있다. 즉, 최면 과정은 잠재의식을 처리하면서도 의식을 피해 다니는 과정인 것이다.

그럼 우선 잠재의식을 어떻게 처리하는지부터 살펴보자. 여기서 여러분에게 소개해야 할 것이 하나 있다. 바로 '주의'다.

어렸을 때는 누구나 "수업 시간에 주의를 기울여야지!"라는 선생님의 잔소리를 들었다. 그래서 이 말을 모르는 사람은 없으며, 딱히 더 알아야 할 것도 없다고 생각할 것이다. 그런데 사실 '주의'라는 말에는 어떤 중요한 비결이 들어있다. 다음을 살펴보자.

우선 '주의'는 '무의식적 주의', '의식적 주의', '의식 후 주의'로 나눌 수 있다.

먼저 '무의식적 주의'를 보자. 이는 어떠한 목적도 없고 의지나 노력도 필요 없는 주의를 말한다. 예를 들어 우리가 교실에서 수업에 집중하고 있을 때 갑자기 누군가가 교실 안으로 뛰어들어 오면, 사람들은 약속이라도 한 것처럼 동시에 그에게 시선을 돌리고 자신도 모르는 사이에 주목하게 된다. 이것이 바로 '무의식적인 주의'이다.

반면에 '의식적 주의'란 목적도 있고 의지와 노력이 필요한 주의를 말한다. 가령 우리가 수업내용이 너무 어렵거나 학습을 방해하는 장애물이 생기면, 의지와 노력으로 수업에 더 집중하려고 한다.

마지막으로 '의식 후 주의'란 목적은 있는데 오히려 의지와 노력이 필요하지 않은 경우다. 예를 들어 어려운 수학 공식을 배울 때 우리는 그 공식 하나하나에는 관심이 없지만 그저 알아야 하기 때문에 집중해서 공부한다. 이것은 '의식적 주의'다. 그런데 익히는 과정에서 자연스럽게 그 분야에 흥미가 붙고 주의력도 저절로 향상되었다면, 그것은 '의식 후 주의'가 된다. 그렇게 되면 심화 수학도 공부하게 되고 더 나아가 수학이라는 학문을 더 깊게 파고들게 된다.

최면에 걸린 사람의 잠재의식을 처리하는 과정은 바로 '의식적 주의'를 극도로 발휘하게 만드는 과정이다. 평소에 우리의 집중력은 똑바로 누웠을 때처럼 바닥에 딛고 있는 범위가 넓고 주의력이 분산되어 있다. 그러나 최면에 걸렸을 때는 겨우 한쪽 발끝으로 바닥을 딛고 있는 것처럼 힘이 분산되지 않고 주의력이 극도로 응축된다.

그렇다면 주의력을 어떻게 이처럼 집중시킬 수 있을까? 다음의 몇 가지 방법이 있다.

1. 눈을 깜빡거리게 하는 방법

최면을 걸 목표대상을 C라고 하자. 지금 최면술사는 C를 가장 편안한 자세로 앉게 한 뒤 마주 보고 있다. 이때 C는 최면술사의 두 눈을 똑바로 바라보고, 최면술사는 C의 두 눈 사이를 주시한다. 그러고 난 뒤 최면술사는 C에게 지금부터 천천히 숫자를 셀 테니 숫자를 말할 때마다 눈을 한 번씩 깜박이라고 말한다. 예컨대 최면술사가 "1, 2, 3, 4"를 하나씩 세어나가면, C는 매 숫자마다 눈을 한 번씩 감았다 떠서 모두 4차례 깜박이는 것이다. C는 눈을 감을 때나 뜰 때 모두 최면술사의 시선에 집중해야 한다. 최면술사가 똑같은 속도로 천천히 수를 세어나가면 C가 눈동자를 깜박거리는 시간은 갈수록 짧아진다. 그러다 C는 결국 더 이상 눈을 깜빡거리지 않고 속눈썹만 위아래로 떨게 된다.

사람들은 대개 숫자 20을 전후로 최면 상태에 빠져들고, 100까지 가는 경우는 거의 드물다. C가 눈을 더 이상 깜박이지 않으면 최면술사는 숫자 세기를 멈추고 조금 전과 똑같은 속도의 나지막한 목소리로 암시를 준다.

"잠이 든다. 잠이 든다. 피곤하다. 잠이 든다. 당신은… 이미… 잠이… 들었다. 깊이… 잠들었다. 피곤하다. 잠이 든다."

2. 시계의 문자판을 이용하는 방법

이번에는 최면에 걸릴 목표대상을 D라고 하자. 최면술사는 우선 시계의 문자판을 D의 앞에 두고 몸은 자신을 향하게 한다. 그런 다음 D에게는 눈금 '1'에 자신의 주의력을 집중하게 한 뒤, 숨을 크게 들이마시고 큰 소리로 '잠이 든다'라고 말하라고 지시한다. 그리고 숨을 내쉰 뒤 재빨리 다시 한번 큰 소리로 '깊이 잔다'라고 말하게 한다. 말이 끝나면 D는 이제 주의력을 눈금 '2'로 옮겨간다. 이번에는 숨을 두 번 깊이 들이마신 뒤, '잠이 든다'라고 두 번 말하게 한다. 그리고 또다시 두 번 숨을 내쉰 뒤 두 번 '깊이 잔다'라고 말하게 한다. 마찬가지 방법으로 눈금 '3'에서는 같은 말을 세 번 반복한다. 이런 방식으로 주의력을 집중시키면서 눈금 '12'에 도달할 때까지 '숨 들이마시기-자아암시-숨 내쉬기-자아암시'를 되풀이한다. 도중에 실수를 하지 않으려면 D는 반드시 모든 정신을 집중해야 한다. 대다수의 사람들은 문자판의 중간쯤에 도달했을 때 눈을 감고 잠이 들며, 몇몇 사람만이 '6' 이후까지도 자아암시를 계속한다.

D가 주의력을 눈금에 집중하고 있을 때, 최면술사는 그의 귓가에 대고 작은 목소리로 이런 암시를 준다.

"당신의 눈이 오로지 눈금만 보고 있을 때, 당신의 시선이 시계의 문자판을 따라 조금씩 이동할 때, 당신이 깊이 숨을 들이마시거나 내쉴 때, 당신이 '잠이 든다', '깊이 잔다'라는 말을 반복적으로 말할 때, 당신은 자신도 모르는 사이에 깊은 최면 상태에 빠져듭니다. 당신의 시야는 점점 더 흐려지고, 갈수록 눈금이 보이지 않게 됩니다. 당신의 피곤한 눈은 거의 떠지지 않습니다. 지친 당신은 지시대로 따르는 일이 얼른 끝나기를 간절히 바라고 있습니다. 당신은 이제 눈을 감고 시계를 아래로 떨어뜨린 채 깊고 깊은 잠에 빠집니다. 잠을 잡니다. 당신은 최면 상태에 들어갔습니다."

의식의 태클 _ '의식을 피해 숨기'

지금부터는 '잠입'의 또 다른 핵심인 '의식을 피해 숨어다니는 것'을 알아보자.

설령 잠재의식을 처리했다 하더라도 최면이 아직 성공한 것은 아니다. 의식이 태클을 걸어올 것이기 때문이다. 그것은 마치 영화 「인셉션」에서 꿈속에 들어간 사람이 방어자를 만들어내고 꿈을 만든 사람을 공격하는 것과 같다.

사람들은 꿈의 내용이 대부분 기이하고 다채로운 형상이 많으며, 비논리적이며 이해가 어렵다는 점을 잘 안다. 그러나 프로이트의 『꿈의 해석The Interpretation of Dreams』을 읽은 사람들이라면, 꿈이란 의식이 보지 못하는 '잠재의식의 언어'이며, 잠재의식이 은유와 위장 수법을 사용하여 자신을 표출하려는 것이라는 사실을 잘 알 것이다. 우리는 여기서 잠재의식은 자신들이 이해하기 쉬운 은유의 표현을 절실히 필요로 한다는 사실에 주목해야 한다. 은유는 잠재의식의 '모국어'이기 때문이다.

그렇다면 이제 문제는 쉬워졌다. 의식은 눈치채지 못하고 잠재의식만 알아들을 수 있는 언어를 사용하면, 의식을 피해 잠재의식에게 영향을 끼치는 일이 가능하기 때문이다.

그렇다면 구체적으로 어떻게 해야 할까? 전달하려는 내용을 말 속에 끼워 넣는 속임수를 쓰면 된다. 그것을 '감입암시嵌入暗示'라고 부른다. 다음 사례를 보자.

말기 암으로 살날이 얼마 남지 않은 E는 참기 힘들 만큼 고통이 심해서 다량의 진통제도 아무런 효과가 없었다. 이를 보다 못한 E의 아버지는 결국 최면으로 아들의 고통을 줄여주려고 최면술사를 찾아갔다. 하지만 평소 강한 의식의 소유자였던 E는 '최면'이라는 말만 듣고도 격렬한 반감을 표시했다. 그래서 아버지와 최면술사는 '우회적인 방법'을 써서 E에게 몰래 최면을 걸기로 했다.

최면술사는 평생 화초를 재배하며 살아온 E에게 그와 같은 주제를 가지고 대화를 시도하며, 이야기 도중에 그에게 최면을 걸어 고통 억제의 암시를 주기로 했다. 다음은 최면술사가 한 말을 그대로 기록한 것이다. 참고로 '감입암시'에 해당하는 부분은 굵은 글자로 표시되어 있다.

"E 씨! 당신과 이야기해서 기쁘네요. 여러 가지 화초를 재배하셨다고 들었습니다. 저도 어렸을 때 시골 농장에서 살았기 때문에 화초 키우는 것을 좋아해요. 지금도 꾸준히 화초를 가꾸고 있죠. 여기 흔들의자에 앉아서 **편안하게 제 이야기를 들으세요.** 무슨 얘기부터 하면 좋을까요? 아무래도 화초와 관련된 이야기를 하는 것이 좋겠죠. 당신이 너무나 잘 아는 분야고 **제일 듣고 싶은 이야기일 테니까요.**

그럼 토마토에 대해서 말해 볼까요? 저는 줄곧 토마토에 관심이 많았어요. 당신도 땅에 씨를 뿌리면서 맛있는 토마토로 자라길 바랐겠지요. 토마토가 열리면 정말 **만족스러울 거예요.** 씨는 수분을 빨아들이고 빗물을 먹으면서 **안녕과 편안함을 느끼며** 쑥쑥 자라겠지요. 그토록 자그마한 씨앗이 차츰 커지면 작은 뿌리 같은 섬모가 나오면 씨앗의 성장과 발육에 **도움이 됩니다.**

E 씨! 제가 계속 이야기할 테니 당신은 제가 말하는 것을 들으세요. **계속 제 말에 귀를 기울이고 생각하면, 천천히 새로운 영역으로 들어옵니다."**

이 방법은 대단히 효과적이었다. 최면술사는 '감입암시'로 아무것도 들키지 않고 E의 의식을 성공적으로 '속였다'. E는 자신도 모르게 최면 상태에 빠졌고 최면술사가 준 암시로 더 이상의 고통을 느끼지 않았으며 남은 3개월 동안 통증 없이 지내다가 편히 눈을 감았다.

의식을 피해서 잠재의식을 처리했지만 아직 완전히 끝난 것은 아니다. 우리는 최면이 꿈처럼 하나의 단계가 붕괴되어야 전 단계로 되돌아가는 것이 아니라는 걸 알고 있다. 최면에 걸린 사람은 최면 중에 여러 단계의 공간을 자유롭게 왔다 갔다 하며 전

환할 수 있는데, 이점이 최면술사를 상당히 힘들게 한다. 그래서 최면술사는 뛰어난 통찰력이 필요하며, 최면 과정에서 시시각각 경계심을 늦추지 않는다. 최면에 걸린 사람이 깨어나려고 하거나 다른 단계로 넘어가려는 조짐이 보이면 즉시 다시 주문을 걸어야 그들이 원래 자리로 되돌아오기 때문이다.

최면의 절정 _ '의식의 점령'

이미 성공적으로 최면에 걸렸다면 이제 무엇을 어떻게 해야 할까?

만약 '침투 준비' 과정이 만족스러웠다면, 이제는 최면에 걸린 사람의 소원을 만족시켜줄 차례다. 예를 들어 보자.

↓ 병세가 가중되다.

↓ 인슐린 주사와 혈당검사가 필요하다.

↓ 생각한다 → 인슐린 주사는 너무 고통스럽다.

혈당검사는 너무 번거롭다.

친구들과 완전히 격리된 기분이다.

↓ 미래가 암울하고 절망적이다.

↓ 병원에 가고 싶지 않다.

이것은 당뇨병을 앓는 젊은이가 치료를 거부하면서 되풀이되는 악순환의 고리다.

그런데 앞에서 말했던 것처럼 최면이란 외부의 생각을 주입하는 것이 아니라, 최면에 걸린 사람의 잠재의식 속에 있는 자원을 이용하도록 부추기는 것이다. 즉, 이렇게 식을 쓸 수 있다.

문제 + 자원 = 가능한 해결

사전조사를 해 보니 이 젊은이는 평소에 농구하는 것을 좋아하고, 비행기에 관심이 많으며 비행기 조종사가 되는 게 꿈이었다. 그렇다면 그 점을 이용하여 문제를 해결할 수 있다.

인슐린 주사를 맞다. + 쾌감을 느끼며 슛을 하다.

= 편안한 마음으로 인슐린 주사를 맞다.

혈당검사를 하다. + 성취감을 가지고 명중률을 계산하다.

= 정기적인 검사로 혈당 수준을 유지하다.

격리된 기분을 느끼다. + 비행사가 되는 상상을 하다.

= 비행기가 이륙하는 것처럼 세상의 부정적 견해로부터 벗어나다.

미래가 암울하다. + 1초 뒤에 골을 넣을 가능성이 있다.

= 미래에 무한한 가능성이 있다.

문제가 해결된 후에 당뇨병 젊은이의 악순환의 고리는 현재 좋은 방향으로 바뀌었다.

↓ 병세가 호전되다.

↓ 인슐린 주사와 혈당검사가 필요하다.

↓ 생각한다. → 인슐린 주사는 나를 편안하게 해 준다.

정기적인 검사로 적절한 혈당 수준을 유지하면 성취감이 생긴다.

하늘이 누군가에게 큰 임무를 부여하려면 반드시 먼저 그의 마음과 뜻을 괴롭히고 근육과 뼈를 힘들게 만든다고 한다.

↓ 미래에 대해 희망을 갖다.

↓ 적극적으로 치료하다.

최면의 철수 _ '잠에서 깨어나라!'

영화 「인셉션」에서는 꿈에서 깨기 위해 추락과 같은 강력한 충격을 준다. 영화 초반에 보면 주인공이 높은 곳에 놓여있는 의자에 앉아서 꿈을 꾸다가, 누군가가 의자를 넘어뜨리면 아래에 준비되어 있던 욕조에 빠지면서 잠에서 깨어난다. 그것은 꿈에 들어가는 것만큼 쉽다.

최면에 빠진 사람을 깨우는 방법도 마찬가지다. 어떤 방법으로 그에게 최면을 걸었다면 '왔던 길을 되돌아오는 것'처럼 똑같은 방법으로 그를 깨우면 된다. 예컨대 최면에 걸린 사람의 귀에 대고 이렇게 말한다.

"좋아요. 이제부터 수를 세겠습니다… 기억하세요. 제가 수를 셀 때마다 당신은 깨어나는 방향으로 한 단계씩 전진합니다. 그러다가 내가 5를 세면 당신은 확실하게 깨어납니다. 그리고 더할 나위 없이 기분이 좋아집니다. 자! 깨어날 준비를 하세요! 1……2……3……, 당신은 점점 깨어납니다. 4……5."

그런데 만약 이렇게 해도 최면에 걸린 사람이 깨지 않는다면 어떻게 할까? 영화 「인셉션」에서처럼 혼돈상태에 빠져 몇십 년씩 그 속에서 헤매야 할까? 다행히 이 부분은 걱정할 필요가 없다. 일단 최면에서 쉽게 깨지 않으면, 차라리 최면에 걸린 사람이 스스로 자연적인 최면 상태에 들어가도록 유도하고, 그 후에 마치 아침에 잠에서 깨어나듯 자연스럽게 깨게 하면 된다.

사후 처리

영화 「인셉션」에서 주인공은 꿈꾸는 아내를 깨워 현실로 되돌아오게 하기 위해서 아내의 꿈속에 '지금은 꿈을 꾸고 있는 것이다'라는 생각을 심는다. 그러나 현실로 돌아온 아내의 머릿속에는 여전히 '지금은 꿈을 꾸고 있다'라는 생각이 남아있었다. 그 결과 아내는 꿈과 현실을 구별하지 못하고 계속 꿈속에 있다고 생각한다. 진짜 세계로 돌아오는 방법은 꿈에서 자기 자신을 죽이는 길밖에 없었기에, 불행히도 그녀는 현실의 높은 건물 위에서 뛰어내려 자살하고 만다.

사실 최면의 위험한 부분 중 하나는 영화에서처럼 최면에서 깨어난 사람이 최면 중에 보았던 환각을 진짜로 믿고 진짜 세계와 상상의 세계를 구분하지 못할 수도 있다는 데 있다.

가령 어떤 사람은 최면 중에 파티에 가는 환상을 보았는데, 최면에서 깨어난 후에도 여전히 자신이 파티에서 어떤 사람을 만나 어떻게 놀았다는 이야기를 실제 있었던 일처럼 이야기하고 다닌다. 그래서 최면술사는 최면이 끝나기 전에 불필요한 암시의 흔적을 반드시 '지워야 한다.' 마치 수술 뒤에 의료진들이 환자의 몸속에 수술 도구들이 남아있지는 않은지 철저히 점검해야 하는 이유와 같다. 그러니 최면술사는 최면에 걸린 사람에게 이렇게 암시한다.

"당신을 흥분하게 했던 것들은 이제 사라집니다. 완전히 사라집니다. 이것은 모두 꿈입니다. 단지 당신이 그것을 실제로 착각한 것입니다. 이제 몸과 마음을 편히 하고 그것들을 잊어버립니다."

또 하나 최면의 위험한 점은 최면술사가 어떠한 최면방식을 혼자만 독차지할 수 없다는 것이다. 이로 인해 최면에 걸린 사람은 자신에게 최면을 걸었던 최면술사의 최면방식과 비슷한 자극을 받으면 곧바로 최면 상태에 빠질 수도 있다. 또한 최면에 걸렸던 경험이 많을수록 다른 사람보다 최면에 걸리기가 더 쉽다. 그래서 자칫 잘못하면 무의식중에 어떤 것을 한참 쳐다보고만 있어도 최면에 빠질 수도 있다.

이제 최면에 대해 많은 것을 알게 되었다. 그렇다면 혹시 준비되었는가?

다 함께 최면에 빠져보자. 거꾸로 다섯을 세겠다.

5……4……3……2……1, 레드 썬!

지금 이 순간, 우리가 진정으로 소유할 수 있는 것은 무엇인가?
이 세상에 영원한 것은 없다. 다음 1초가 인생의 마지막 1초가 될 수도 있는 것이다.
그러니 진짜로 죽음이 찾아와 그 끔찍한 실체를
자세히 들여다볼 수 있을 때까지 기다리지 말자.
만약 평생도록 죽음의 공포에 시달리기 싫다면, 또 마지막 순간에
자신의 인생에서 후회스러웠던 일들을 떠올리기 싫다면 무엇을 더 기다리는가?

5장

죽음, 생을 찬양하는 최고의 순간 – 호스피스

불교에는 '죽음을 향해 살아 간다向死而生'는 말이 있다. 그 말처럼 사람은 태어나는 순간부터 매 순간 죽음의 품을 향해 달려가고 있으며, 죽고 사는 것이 없으면 인생도 없다.

지구상에서 죽음의 추격을 피할 수 있는 곳은 그 어디에도 없다. 죽음은 짙은 안개나 그림자처럼 평생 우리를 따라다닌다. 죽음에 대해서 이 두 가지 사실은 분명하다.

하나는 우리는 언젠가 모두 죽는다는 것이고, 두 번째는 언제 어디서 어떻게 죽을지 모른다는 것이다. 우리는 언제 어디서 어떻게 죽을지를 모르기 때문에 항상 그것을 핑계로 죽음을 직시하지 않으려고 한다. 하지만 그것은 사람에게 쫓기는 타조가 머리를 모래 속으로 숨기고 아무도 자신을 발견하지 못할 것이라고 여기는 것과 같다.

이에 대해 어느 상사上師는 일찍이 이런 말을 했다.

"미래를 계획하는 것은 물이 말라 버린 못에서 낚시를 하는 것처럼, 제아무리 노력해도 뜻대로 다하지 못할 것이니, 모든 계획이나 야심을 내려놓자!"

만약 무언가를 생각해야 한다면, 언제 어떻게 찾아올지도 모르는 죽음을 생각해 보라!

죽을 만큼
두려운 죽음

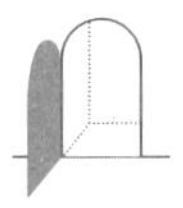

옛날 한 여인이 아이를 낳았다. 하지만 아이는 태어나자마자 제대로 걸어보지도 못한 채 세상을 떠났다. 그녀는 너무 슬픈 나머지 아이의 시체를 안고 혹시나 아이를 다시 살릴 약이라도 구할 수 있을까 싶어 백방으로 찾아다녔다. 그러다가 어느 집 앞에서 만난 한 노인이 그녀에게 이렇게 말했다.

"내가 방법을 하나 알려드릴 테니 그분을 한번 찾아가 보시오. 그분이라면 아이를 살릴 수 있을 거요."

노인이 말한 사람은 바로 불교의 시조인 석가모니였다. 그래서 그녀는 곧바로 석가모니를 찾아가 아이를 살릴 약을 달라고 애원했다. 그러자 석가모니는 확실한 명약을 알고 있는데, 그 약을 만들려면 한 번도 사람이 죽어 나간 적이 없는 집에서 겨자씨를 얻어 와야 된다고 했다. 그녀는 곧바로 수많은 집을 찾아다니며 일일이 수소문해 보았지만, 결국 헛수고만 하고 돌아왔다. 어디든 죽은 사람이 없는 집안은 없었기 때문이다.

이 일로 그녀는 이 세상에 영원한 것은 없으며 모든 것은 결국 사라진다는 사실을 깨닫게 되었다. 얼마 뒤 그녀는 아이의 장례를 치른 뒤 다시 석가모니를 찾아갔다. 석가모니가 그녀에게 물었다.

"내가 말한 물건을 찾았느냐?"

그녀는 그것을 찾지 못했지만 사람은 누구나 죽는다는 사실을 깨달았다고 대답했다. 그러자 석가모니는 벽에 걸려있는 등불을 가리키며 말했다.

"무릇 모든 생물은 저 등불처럼 살 때도 있고 멸할 때도 있느니라."

석가모니는 정말 죽은 아이를 살리는 명약을 알고 있었던 것일까? 아니다. 그는 죽음의 일상을 알려주고 싶었을 것이다.

프로이트는 "인간의 고통은 잘못된 것을 추구하는 데에 있다."라고 말했다. 인간에게는 삶의 본능은 물론이고 죽음의 본능이 있다는 사실 또한 누구나 안다. 심리학적 측면에서 말하면 인간의 고통은 어디나 존재하는 죽음을 두려워하는 데에 있다.

태어나면서 인간은 수많은 사람과 인연을 맺고 여러 지식을 배우며, 다양한 경험들과 아름다운 추억들을 하나씩 하나씩 모아서 인생이라는 커다란 건물을 완성한다. 하지만 그것은 죽음에 의해 순식간에 무너져 버리는데, 그런 일이 언제 누구에게 벌어질지를 전혀 짐작할 수 없다. 이뿐만이 아니라 죽음은 우리를 아무것도 없는 심연으로 내던지려고 한다. 아무것도 모르는 그곳에서 우리는 가족과 친구들도 없이 외로움과 시련을 견뎌야 할지 모른다.

이처럼 막강한 적 앞에서 우리는 논쟁을 벌이거나 싸워서 이길 수 없다. 유일하게 할 수 있는 것은 '걸음아 날 살려라' 하고 달아나는 것이 고작일 것이다. 그렇게라도 피할 수 있다면 얼마나 다행일까. 사람들이 죽음을 피해 도망가려는 것은 죽음이 죽을 만큼 두렵기 때문이 아닐까.

그렇다면 우리는 언제부터 죽음을 두려워하기 시작했을까? 이 문제에 대한 해답을 얻기 위해 장 피아제Jean Piaget를 이야기하지 않을 수 없다.

장 피아제는 가장 유명한 현대 아동심리학자다. 그가 심리학 분야에서 이룬 가장 전형적이고 널리 알려진 공헌은 바로 '인지

발달이론'이다. 인지발달이론을 한마디로 말하자면 인간은 끊임없는 성장 과정에서 신체의 발육 이외에 '사유와 인지도 발달한다'는 이론이다. 피아제는 이러한 발달 상황을 연령에 따라 모두 4단계로 구분했다.

어린 바보 : 0~2세 감각운동기

감각운동기 단계는 '어린 아기'이기도 하지만 '어린 바보'이기도 하다. 온종일 먹고 자고 웅얼거리는 것밖에 할 줄 모르기 때문이다. 만약 이 시기에 우리가 삶과 죽음에 대해 이야기한다면 마치 식물이 철학에 대해 논하는 것과 다를 바 없다. 비록 이 시기에 인지의 높은 경지에는 도달하지 못하지만 아무것도 이루지 않는 것은 아니다. 이 단계에서는 '대상 영속성object permanence'이라는 매우 중요한 발달을 이루기 때문이다.

일반적으로 6개월 미만의 아기를 혼자 방에 두고 나가버리면, 아기는 그 사람이 다른 방에 있을 거라고 생각하지 못하고 정말로 '사라졌다'고 여긴다. 즉, 시야에서 사라지면 존재하지 않는다고 생각하는 것이다. 이 때문에 아기는 너무나 갑작스런 상황에 당황하며 울음을 터뜨린다. 그들은 눈에서 멀어지면 마음에서도 멀어지며, 모든 것이 바람과 함께 사라져 버린다고 생각한다.

그러나 6개월 이후부터는 눈앞에서 사라져도 현실에 여전히 존재한다는 사실을 서서히 인식하기 시작한다. 물체가 이동하는 방향에 따라 시선이 따라가고, 물체가 사라지면 깜짝 놀라면서 서둘러 물체를 찾기 시작하는데 즉, 눈에서 멀어져도 마음으로 여전히 생각하게 되는 것이다. 이처럼 물체가 보이지 않아도 그것이 사라지는 것이 아니라고 인식하는 것이 바로 '대상 영속성'이다.

그래서 여전히 '어린 바보'이고 미련하지만 물체의 사라짐 혹은 친한 사람의 죽음이 마음속에 잔잔한 물결을 일으킬 수 있다.

자기중심적 사고 : 2~7세 전조작기

전조작기가 되는 2~7세 때는 언어능력이 급속도로 발전하고 몇 가지 기호도 사용할 수 있다. 예를 들어 문자나 도형으로 자신의 생각을 표현할 수 있게 된다. 비록 더 이상 '어린 바보'는 아니지만 그래도 여전히 조금은 어리석다. 이 시기의 가장 명확한 특징은 생각의 단편성과 자기중심적 사고방식이다. 생각의 '단편성'을 밝히기 위해서 피아제는 특별히 '보존 개념'이라고 불리는 유명한 실험을 했다.

어떤 아이 앞에 똑같은 모양의 용기에 똑같은 양의 물을 담아서 놓아두었다. 그랬다가 그중 한 용기의 물을 가늘고 긴 용기에 옮겨 담았다. 그러고 나서 어느 용기의 물이 더 많은지를 물어보면 아이는 무척 혼란스러워한다. 생각의 '단편성' 때문에 똑같은 양의 물이 '보존'되었음을 인식하지 못하기 때문이다. 아이는 용기의 굵기는 보지 못하고 단순히 용기의 키가 커서 두드러져 보인다는 이유로 가늘고 긴 용기의 물이 더 많다고 고집한다.

이러한 생각의 단편성 때문에 이 단계의 아이들이 관심을 가지는 것은 사물의 표면과 부분이다. 그들은 심도 있고 총체적인 사고를 할 수 없다.

한편, 자기중심적 사고방식에 대해 말하자면 전조작기 단계에서는 순전히 자기 관점에서 상대방을 생각하며, 다른 사람의 생각은 나의 생각과 같고 차이점이 없다고 여긴다. 즉, '나는 생각한다, 고로 너는 존재한다'는 것이다. 예전에 어느 연구에서 아이들에게 죽음에 대해 물어본 적이 있다. 그중 이런 질문이 있었다.

"무엇이 생물을 죽게 만들까?"

전조작기에 있는 아이들은 무한한 상상력과 자기중심적 사고방식으로 죽음의 원인에 대해 다음 몇 가지 대답을 내놓았다.

A: "나쁜 음식을 먹을 때요. 예를 들어서 잘 모르는 사람이랑 길을 가다가 그들이 독이 든 막대사탕을 먹이면 그걸 먹고 죽어요. 또 더러운

바퀴벌레를 삼켜도 죽어요."

B: "독약이나 마약이나 진정제를 먹으면 죽어요. 그럴 때는 엄마가 해독제를 줄 때까지 기다려야 해요."

C: "만약 새 한 마리를 잡아두면 그 새는 병이 나서 죽을 거예요. 또 새들이 알루미늄박처럼 이상한 걸 먹으면 죽어요."

논리적 사고 : 7~12세 구체적 조작기

구체적 조작기에 들어서면, 우리의 사유는 전조작기에 비해 훨씬 더 성숙되고 '단편성'이나 '자기중심적 사고방식'도 크게 줄어든다. 또한 분류, 숫자 처리, 시간과 공간의 융통성 등 기호를 사용하여 논리적 사고를 진행할 수 있다. 이때 앞에서 했던 질문을 아이들에게 똑같이 던지면 아까와는 다른 대답을 한다.

A: "칼, 활, 총이나 여러 가지 물건 때문에 죽어요. 어떤 방법이든 다 말해도 되나요? 작은 도끼와 동물, 그리고 불이나 폭약 때문에 죽을 수도 있어요.

B: "암, 심장 발작, 중독, 총기류, 총알, 아니면 큰 돌덩어리가 머리 위에 떨어져도 죽어요."

C: "사고, 자동차, 총이나 칼이요. 나이가 많거나 병에 걸려서 죽기도 하고, 마약이나 물에 빠져 죽을 수도 있어요."

추상적 사고 : 12~15세 형식적 조작기

피아제의 '인지발달이론'의 맨 마지막 단계인 '형식적 조작기'에 우리는 한마디로 혈기왕성한 소년과 통통 튀는 소녀가 된다. 이때 우리는 논리적 사고를 할 수 있을 뿐만 아니라, 추상적인 사유도 가능해진다. '좋은 검은 날이 없어도 베듯이, 고수는 별다른 공을 들이지 않아도 큰 기교를 부릴 수 있다.重劍無鋒 大巧不工'라는 말처럼, 추상적인 사유는 우리의 사유를 더욱 유연성 있고 복잡하게 변화시킨다.

우리는 어떤 일에 대해 합리적인 가설을 세우고 이를 검증할 수 있으며, 하나의 일에 여러 가지 가능성이 있음을 이해하게 된다. 마치 장기 시합에서 일일이 말을 움직이지 않아도 복잡한 수를 생각해내고 여러 가지 가능한 결과를 예견할 수 있는 것과 같다.

만약 이때 "무엇이 생물을 죽게 만들까?"라는 질문을 다시 던진다면 이렇게 대답할 것이다.

A: "신체적으로 죽는 것을 말하는 건가요? 죽는다는 것은 우리 몸속의 생명 기관이나 생명력이 파괴되는 거예요."

B: "나이가 들어서 몸 여기저기가 고장 나고 더 이상 예전처럼 작동하지 않으면 죽겠죠."

C: "심장이 멈추고 혈액이 더 이상 돌지 않을 때, 호흡이 정지되면서 죽는 거예요."

이처럼 인지발달 이론의 마지막 발전 단계에 이르면 죽음에 대한 이해가 상당히 성숙해짐을 알 수 있다. 그래서 사춘기 이전에는 죽음에 대한 공포가 잠재의식 속에 깊이 숨겨져 있었다면, 사춘기 이후에 대규모로 폭발한다고 말할 수 있다. 마치 매미 유충이 땅속에서 10년간 잠복하고 있다가 땅을 뚫고 올라오는 순간과 같다. 이때부터 죽음의 공포는 삶의 배경 음악처럼 생명이 다하는 그날까지 줄곧 주위에 울려 퍼진다.

다음은 갑자기 찾아온 죽음의 공포를 느낀 32세 여성의 솔직한 고백이다.

"나이가 들거나 병에 걸려 죽는 게 아니라 지금, 이 순간 '내'가 죽을 수도 있겠다고 느꼈던 순간 나는 너무나 큰 두려움을 느꼈다. 나는 죽음이란 나에게 '당장' 일어날 수 있는 일이 아니라 '먼 훗날'의 일이라며 시치미를 떼곤 했었다. 하지만 죽음의 공포가 갑자기 엄습했던 그 일주일 동안, 나는 예전보다 더 강렬하게 죽음에 대해 생각하기 시작했다. 죽음은 발생할 수도 있는 일이 아니라 '반드시' 발생할 일이었다. 마치 아름다운 꿈에 사로잡혀 있다가 비로소 정신을 차린 것처럼 말이다. 이렇게 두려움의 참모습을 보고 난 후에 나는 더 이상 그 이전의 나로 되돌아갈 수 없었다.

그러면서 나는 지금 내가 하고 있는 모든 일이 언젠가는 잊힐 운명이며, 모든 별은 결국 먼지로 돌아간다는 무의미한 생각이 들기 시작했다. 부모, 형제, 연인, 친구들의 죽음을 생각했고, 어느 날 내 두개골과 뼈도 몸통에서 떨어져 나가 더 이상 내 것이 아닐 거라는 생각이 들었다. 그런 두려움으로 어찌할 바를 몰랐다. 내가 죽으면 육체를 빠져나온 어떤 영혼 같은 존재가 될 거라는 사실도 믿기지 않았고, 영혼 불변이라는 말도 위로가 되지 않았다."

이 여성의 솔직한 고백과는 달리, 어떤 사람은 너무 '부끄러워서' 죽음에 대한 두려움을 다른 증상으로 감춘다. 이럴 때는 관심을 가지고 구별해내는 것이 필요하다. 다음의 사례를 살펴보자.

중년의 수蘇 아주머니는 원칙을 중시하는 능력 있는 공인회계사다. 어느 날 그녀는 정신과 의사를 찾아와 눈물을 흘리면서 잠시 주저하다가 자신의 고민을 털어놓았다.

그녀에게는 장성한 아들이 있었다. 그는 원래 좋은 직장에 다니고 있었고 책임감도 강했는데, 어쩌다가 마약에 빠져 재활원에 들어가게 되었다.

수 아주머니는 그런 아들 때문에 너무 속상해서 꼬박 나흘이나 쉬지 않고 울었다. 그녀는 아무것도 먹지 못했고 잠도 이루지 못했으며 회사도 결근했다. 그녀가 일을 쉰 것은 20여 년 만에 처음 있는 일이었다. 밤이 되면 그녀는 아들 걱정에 더욱더 괴로웠다. 그녀는 아들이 낡아빠진 옷을 걸치고 온통 썩어빠진 치아를 드러내며 다갈색의 종이봉투에 들어있는 마약을 미친 듯이 흡입하다가 결국 어느 하수구 옆에 쓰러져 죽을지도 모른다는 생각까지 들었다. "그 녀석은 마약 때문에 죽을 거예요."라고 말하며 하염없이 자신의 고통을 이야기했다. 그녀는 아들의 어린 시절 사진을 보면 억장이 무너져 내린다고 했다. 어린 시절 아들의 모습은 정말 작은 천사 같았다.

"어떻게 나한테 이럴 수 있어요?"라며 그녀는 마치 의사를 추궁하듯 물었다.

"정말이지 이건 나에 대한 배신이에요. 그 녀석은 내가 자신을 위해 준비했던 인생을 보란 듯이 파괴했어요. 그것 말고 또 다른 이유가 있겠어요? 난 아들에게 안 해 준 것이 없어요. 아들이 힘들지 않게 성공할 수 있도록 그의 인생길에 벽돌 하나하나 일일이 신경 써가며 깔아주었다고요. 최상의 교육은 물론이고, 테니스며 피아노며 승마까지 가르쳤는데…. 그걸 어떻게 이런 식으로 보답할 수 있어요? 만약 내 친구들이 이 사실을 알게 된다면 내 체면이 정말 말이 아닐 거예요!"

그녀는 친구들의 성공한 자녀들을 생각하면 질투가 나서 견디기 어려웠다. 정신과 의사는 이러한 상황을 고려하여 그녀 스스로가 정확한 사실을 깨닫도록 충고해 주었다. 예를 들어 아들이 하수구에 빠져 죽을 거라는 생각은 별로 이성적인 생각이 아니며 엄청난 재난이 일어나지 않는 한, 그런 일로 목숨을 잃는 것은 기본적으로 불가능하다고 말해 주었다. 그리고 아들은 이미 마약을 끊는 일에 어느 정도 성과가 있었고 매달 1주일 정도는 집으로 돌아가 요양을 해도 된다는 허락까지 받은 상태였다.

상담을 하면서 의사는 마약에 빠진 아들의 문제보다 그 어머니의 인생에 집중하는 것이 더 중요하다는 사실을 알아챘다.

왜 아들은 어머니 인생의 전부가 되어버렸을까? 듣고 보니 수 아주머니의 남편은 가정에 큰 신경을 쓰지 않는 인물이었다. 아들은 물론 아내에게도 큰 애정이 없었다. 이로 인해 그녀는 자신의 모든 인생을 전적으로 아들의 성공에 걸었다. 그런 그녀에게 의사는 이렇게 말해 주었다.

"수많은 부모가 자신의 아이를 통해서 인생을 연장하려고 합니다."

그녀는 의사의 뜻밖의 말에 깜짝 놀라면서도 그 점에 대해 어느 정도 인정했다. 하지만 지금은 그런 생각조차 할 수가 없었다. 마약에 빠진 아들이 그런 인생을 감당할 수 없다고 생각했기 때문이었다.

대화가 끝나갈 무렵, 의사는 무심코 아주머니 목에 감겨있는 붕대를 보고서 무슨 일이냐며 별생각 없이 물었다. 그러자 그녀는 최근 목의 주름살 제거 수술을 받았다며 슬쩍 말끝을 흐렸고 얼른 아들의 이야기로 화제를 돌렸다. 그러나 의사는 어떤 실마리라도 잡은 것처럼 그것에 대해 계속해서 캐물었다.

"수술 얘길 좀 더 듣고 싶네요. 왜 그런 성형수술을 하겠다고 마음먹으셨어요?"

"좋아요. 얘기할게요. 통한의 세월을 보내고 나니 내 몸 여기저기에 흔적이 남더군요. 가슴, 얼굴, 그리고 늘어진 내 목에도 말이에요. 주름살 제거 수술은 내가 나에게 준 회갑 선물이에요."

"회갑요?"

"네, 지난주 토요일이 제 회갑이었거든요."

정신과 의사는 마침내 수면 위로 떠오른 핵심 문제에 대해 입을 열었다.

"저도 당신이 아들 때문에 걱정이 많겠다는 생각이 듭니다. 하지만 당신도 이미 알고 있잖아요? 마약을 끊는 과정에서 다시 마약에 손을 대는 것은 꽤 흔한 일이라는 것을. 그런데도 왜 그 고통을 꽉 쥐고서 놔 주지 않나요? 제 생각에 당신의 걱정은 다른 이유 때문인 것 같아요. 단지 그 걱정이 아들 문제로 옮겨간 것뿐이죠."

수 아주머니는 조용히 고개를 끄덕였고 의사는 계속해서 말을 이어 나갔다.

"당신의 수많은 걱정거리는 결국 아들의 문제가 아니라 당신 자신에 관한 것이에요. 아마도 당신의 회갑과 관계있을 겁니다. 회갑이 다가오자 당신은 늙는다는 사실과 죽음이 그 어느 때보다 크게 와 닿았을 거예요. 그래서 마음속으로 이런 중요한 문제들을 고민했을 겁니다. 앞으로의 인생을 어떻게 살아야 할 것인지, 또 인생의 의미는 과연 어디에 있는지 하는 것들 말이에요. 특히 아들이 당신의 인생을 대신해 줄 수 없다는 사실을 깨달은 뒤에는 그런 고민들이 더욱 깊어졌을 거예요."

의사의 말을 듣고 난 후, 그녀는 얼굴색이 변하면서 잠시 생각에 빠지더니 곧 이렇게 말했다.

"저는 나이가 들어가는 것이든 세월이 사람을 기다려주지 않는다는 것에 대해 그렇게 걱정하지 않는 줄 알았는데, 선생님의 말씀을 듣고 보니 어느 정도 이해가 됩니다. 나흘 동안 잠시도 내 머릿속을 떠나지 않았던 아들 걱정에서 조금은 벗어난 기분입니다."

그 후 몇 주 동안 수 아주머니는 아들에 관한 이야기보다 자신의 삶에 관한 이야기를 더 많이 나누었고, 아들에 대한 그녀의 지나친 기우도 기적같이 사라지게 되었다.

그녀의 고민은 결국 마약에 빠진 아들이 아닌, 자신이 겪게 될 죽음에 대한 공포였다. 거울 앞에 서서 거스를 수 없는 세월의 흔적을 확인한 순간, '죽음'은 서서히 그녀의 목을 조르는 듯했고, 생명을 다한 몸뚱어리를 어떻게든 다시 돌려놓고 싶은 욕망에 사로잡혔다. 하지만 억지스러운 수술만으로는 세월을 되돌릴 수 없었다. 대신 장성한 아들이 멋지게 인생을 설계하는 모습으로 대리만족을 느끼려 했지만 그마저도 만족스럽지 않았다. 결국 '죽음'을 피하고자 했던 자신의 두려움이 실패한 아들에 대한 걱정과 질책으로 옮겨가, 알 수 없는 고통을 겪게 되었던 것이다.

이제 그녀는 '죽음'을 직시할 수 있게 되었다. 누구나 사그라지고 사라져야 하는 세상이다. 아무리 잘나고 똑똑한 사람도 '죽음'을 피해갈 수 없다. 그 사실을 인지하는 순간, 우리는 작은 것에 집착하지 않고 고통에서 해방될 수 있을 것이다.

죽음을 노래하는
레퀴엠 5악장

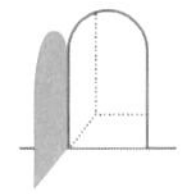

미국 드라마 「아메리칸 호러 스토리 시즌2」에서는 누군가 죽음을 눈앞에 둘 때마다 늘 그 사람 곁에는 검은색 옷에 검은색 면사포를 쓰고 거대한 검은색 날개를 달고 있는 노부인이 나타난다. 이 노부인은 이른바 '죽음의 사신'이다. 이 죽음의 사신은 죽음을 앞둔 사람 옆에 나타나 그의 이름을 부르고 그를 어루만지며 그를 데리고 먼 길을 떠날 준비를 한다.

그러나 현실에서 죽음의 사신을 본 사람들, 즉 자신이 얼마 못 산다는 것을 아는 사람들은 이렇게 떠나는 걸 원치 않는다. 죽음을 맞는 것도 서러운데 누군가에 의해 마치 억지로 끌려가는 상황은 연출하고 싶지 않은 것이다. 그보다는 평온하게 인생의 마지막 '노래'인 〈죽음의 5악장〉을 들으며 죽음의 두려움에서 다소나마 벗어난 채 세상을 떠나길 바란다.

어느 병원에서 70세에 가까운 한 여성이 자궁경부암으로 죽음을 눈앞에 두고 있었다. 그녀의 딸은 매일같이 어머니 병문안을 왔고 두 사람 사이는 무척 좋아 보였다. 딸이 간호를 끝내고 돌아가면 어머니는 매번 외로움의 눈물을 흘렸다. 한참이 지난 뒤 사람들은 그녀가 왜 그렇게 서럽게 우는지 그 이유를 듣게 되었다.

그녀의 딸은 어머니가 곧 죽는다는 사실을 좀처럼 받아들이지 않는다는 것이다. 그래서 늘 어머니에게 긍정적으로 생각하면 암을 치료할 수 있을 거라는 격려만 해 주고 돌아갔다. 그 결과 어머니는 자신의 죽음에 대한 공포나 고통 등을 마음속에만 담아둘 뿐, 함께 터놓고 이야기할 사람이 없었고 그로 인해 무척 힘이 들었다. 어머니에게는 인생을 이해하고 죽음의 의미를 깨달을 수 있도록 도울 사람, 그녀와 함께 〈죽음의 5악장〉을 들어줄 사람이 필요했다.

위의 경우처럼 안타까운 일이 없도록, 나는 여기에서 죽음의 노래, 레퀴엠 5악장에 대해 소개하고자 한다.

제1악장, 자신에게 방어벽을 쌓다

'나를 잘못 봤어. 난 그런 사람이 아니야. 그럴 리가 없지, 그렇고 말고.' - 부정Denial

불치병에 걸려 살날이 얼마 남지 않았음을 알았을 때, 대다수 사람들이 보이는 첫 번째 반응은 이렇다.

"아니야! 난 아니야! 절대 그럴 리 없어!"

이런 반응은 죽음을 앞둔 사람들이 반드시 겪게 되는 첫 번째 단계이다. 인간에게는 '방어기제'라는 보디가드가 있다는 사실을 기억하는가? 이러한 부정은 방어기제가 우리를 위해 마지막으로 할 수 있는 일일 것이다.

현재 상태가 너무 형편없거나 심리적으로 감당할 수 있는 범위를 벗어나면, 우리는 본능적으로 '부정'에 도움을 요청한다. 그래서 이미 발생한 일이라도 자기 눈으로 직접 본 것이 아니라며 완강히 부정하고 "너희들이 잘못 본 거야."라며 받아들이기를 거부한다.

마치 집을 나간 아내로부터 버림을 받은 남편이 그 후로도 계속해서 저녁 식탁에 아내를 위한 자리를 비워두고 그녀가 언제든 자기 옆으로 되돌아올 것이라고 굳게 믿는 것과 같다. 남편이 현실을 부정하는 이유는 아내에게 버림을 받았다는 사실을 인정하는 것보다 아내가 떠난 것을 인정하지 않는 것이 더 마음 편하기 때문이다.

그러나 시간이 흐를수록 '부정'의 강도는 서서히 약해지고 남편은 아내가 절대로 돌아오지 않을 것이라는 현실을 어쩔 수 없이 받아들이게 된다. 그런 면에서 '부정'이란 사람들을 위한 일종의 심리적 완충지대 역할을 해 주며, 갑자기 찾아오는 비보에 큰 상처를 받지 않도록 해 주는 고마운 존재이기도 하다.

이 같은 부정은 하루에 담배 두 갑을 피우는 사람이 왜 자신의 건강을 크게 걱정하지 않는지를 설명해 주는 이유이기도 하다. 그들은 아마 담배가 자신에게 입히는 손상을 부정하거나, 자신이 건강하게 오래 살고 싶어 한다는 사실을 부정하고 있을 것이다. 이렇게 말이다.

"뭐 나는 담배를 끊어가면서까지 그렇게 장수하고 싶은 생각은 없어. 그리고 사실 담배 좀 피운다고 갑자기 죽는 것도 아니잖아?"

수많은 불치병 환자들은 자신의 병을 알게 되면 "분명히 오진이야!", "다른 사람이랑 검사결과지가 바뀌었을 거야" 등의 가설을 세우고 일단 부정한 후에, 즉시 또 다른 병원, 또 다른 명의들을 찾아다니며 똑같은 검사를 반복해서 끝끝내 '정확한' 진단을 받아내려고 한다. 심지어 다음 사례처럼 죽는 그날까지 자신의 병을 '부정'하는 극단적인 경우도 있다.

한 중년 여성은 혈혈단신으로 궤양성 유선암을 앓고 있었다.

그녀는 처음에는 그 사실을 받아들이지 못하고 자신에게 닥친 현실을 강하게 부정했다. 아픈 게 아니라고 인정하지 않다가 병이 갈수록 깊어지자 결국 수술을 받기로 했다. 수술을 받기 전 그녀는 주위 사람들에게 이렇게 말했다.

"이건 그냥 간단한 수술일 뿐이야. 상처가 난 부위를 아주 조금만 잘라내면 금방 회복될 거라고."

그녀는 의료진들과의 소통에도 문제가 있었다. 그녀는 수술 상황만 알려고 했을 뿐, '병의 진행 상태'는 묻지도 않았다. 의료진들이 그녀의 암이 악화되었다고 말하면, 자신의 심리 방어선이 무너질까 봐 두려웠기 때문이다.

건강 상태는 갈수록 나빠졌고 그녀는 화장을 더 진하게 하고 다녔다. 처음에는 그냥 립스틱만 가끔 바르고 다녔는데 갈수록 입술은 더 붉어지고 화장은 더 짙어져서 마치 어릿광대처럼 보일 지경이었다. 또한 죽음이 가까워질수록 그녀는 단번에 남의 이목을 끌 만큼 화려하게 입고 다녔다. 마지막까지 그녀는 짙은 화장을 했으며 가능한 한 거울은 보지 않으려 노력했다. 그렇게라도 하면 시간이 지날수록 깊어지는 슬픔과 초라해지는 모습을 감출 수 있을 것이라 생각하는 것 같았다. 간병인이 그녀에게 도움이 필요하냐고 물을 때도 "아니요. 괜찮아요."라며 도움을 거절했다. 그렇게 그녀는 자신에게 내일이 얼마 남지 않았다는 현실을 끝까지 부정하다가 결국 "이제는 나도 더 이상 버틸 수 없다는 생각이 드네요."라는 말을 죽기 직전에 남기고 한 시간도 채 되지 않아 세상을 떠났다.

이 이야기를 통해 나는 더 이상 희망이 없다는 사실을 환자들에게 정확히 알려줘야 한다는 말을 하려는 것이 아니다. 우리는 그들이 이렇게까지 현실을 '부정'하는 심리를 이해할 필요가 있다는 것을 강조하고 싶은 것이다.

우선 환자에게 필요한 것이 무엇인지를 알아야 하며 그들이 포기하고 싶지 않은 것은 무엇인지, 또한 그들의 장단점도 파악해야 한다. 대화를 통해서 그들의 마음을 헤아리고 환자가 현실에 대해 어느 정도 인정하고 있는지를 판단하여 천천히 다가가야 한다. 가만히 그들의 친구가 되어주고, 그들의 말을 적절하게 경청하고 이해해 주며, 그들에게 현실을 받아들일 시간을 주는 것이 최상의 방법이다.

대부분의 불치병 환자들은 결국 그렇게까지 고집스럽지 않으며, 죽음에 대한 심리적 방어선을 새로 고친 후에 '부정'이라는 보호 장치를 내려놓고 다음 2악장에 들어갈 것이다.

제2악장, 하늘을 향해 욕설을 퍼붓다

'내가 세상을 잘못 생각했다. 아니, 세상이 나를 속였다.' - 분노Anger

처음의 '부정' 단계에서 벗어나면 힘든 시기는 일단 지나갔다고 생각하겠지만, 사실 진정한 '폭풍우'는 이제 막 시작이다. 지금부터는 앞서 나타났던 '부정'의 태도와 다른 분노, 초조함, 질투, 원한 등의 감정이 마구 쏟아진다. 이때 환자는 자연스럽게 이런 생각으로 잠 못 이룬다.

"왜 하필 나야? 왜 하필 나냐고!"

폐암 말기임을 알게 된 한 젊은 환자는 이렇게 말했다.

"나는 나와 비슷한 위치에 있는 사람들을 볼 때마다 항상 이렇게 생각했다. '왜 저 사람이 아니고 나야?' 한번은 길을 걷다가 어렸을 때부터 잘 알고 지낸 82세의 할아버지를 우연히 만났다. 당시 할아버지는 누가 봐도 남에게 도움이 되지 않을 만큼 기력이 부치셨다. 그는 류머티스성 질환을 앓고 있어서 절뚝거렸고, 흐트러진 머리카락과 꼬질꼬질한 얼굴에는 '남이야 어떻게 생각하든 이대로 살다 죽을 거'라는 태도가 역력히 보였다. 그때도 나는 '왜 저런 분이 나 대신 이 병에 걸리지 않았을까?' 하는 생각뿐이었다."

'부정' 단계에 있는 환자보다 '분노' 단계의 환자가 더 상대하기 어렵다. 분노에 가득 찬 그들은 마치 궁지에 몰린 짐승처럼 미친 듯이 날뛰고 닥치는 대로 물어뜯는다. 그들의 눈에는 의사들이 마치 자신을 다 쓴 폐품처럼 여기며 '이제 무슨 검사를 더 해야 할지도 모르고 어떤 약을 써야 할지 모르겠으니, 대충 치료나 하고 비싼 병원비나 받자. 내 알 바 아니야.'라는 식으로 대하는 것처럼 보인다. 또한 간호사들도 의사보다 전혀 나을 것이 없다며 더 맹렬히 버려진 대상으로 삼는 것처럼 느껴진다. 그래서 만약 간호사가 자신의 병원 침상을 정리하고 베개를 깨끗이 하면 '이제 곧 죽을 사람이라 정리를 시작하는가?' 하고 마음을 상해하다가도 또 조금만 소홀히 하면 '이제 곧 죽을 사람이라 신경도 쓰지 않는 건가?'라는 생각에 시도 때도 없이 호출벨을 눌러 침상 정리를 부탁하기도 한다.

이 단계에 있는 환자는 병문안을 온 가족들을 반가워하거나 고마워하지 않고 서로 얼굴을 마주 대하는 것조차 힘들게 만든다. 그럴 때 가족들은 억지로 더 미소를 짓기도 하고, 눈물을 흘리거나 미안함에 어쩔 줄 모르거나 끊임없이 자책도 하고, 가능한 한 병문안을 오지 않으려고 하게 된다. 그럴수록 환자는 더욱 분노하고 불안해하는 악순환이 계속된다.

이때 우리는 그들이 화를 내는 모습만 보고 그들이 왜 그토록 화를 내는지 그 이유는 잘 헤아리지 못한다. 그렇다면 환자가 분노하는 가장 근본적인 이유는 무엇일까?

별 탈 없이 진행되던 그들 인생에 태클이 걸려왔기 때문이다. 어느 날, 갑자기 자기 인생에 이 같은 시련이 닥쳐서 그동안 쌓아 올린 것이 하루아침에 헛수고가 되어버린다면? 평생 어렵게 벌어놓은 돈으로 쉬면서 여행도 다니고 인생을 누리려는 찰나에 자신도 어찌할 수 없는 상태가 되었음을 알았다면? 누구라도 분명 끓어오르는 화를 참지 못하고, 지나가는 사람에게 이렇게 분풀이라도 하고 싶은 심정일 것이다.

"남이 잘 사는 꼴을 도저히 못 보겠다! 어떻게 나한테 이럴 수 있는가? 나랑 바꾸면 안 되나!"

그렇게 하지 않으면 무엇으로 자신의 억울한 마음을 달랠 수 있겠는가? 이 단계에서는 자신이 직접 보고 겪는 모든 일이 고통스럽게 다가온다. 텔레비전에서 사람들이 나와 춤을 추는 장면만 봐도 분노가 치밀어 오른다. 전쟁영화에서 무자비하게 총을 쏘아 적군을 죽이는 장면이 나오면, 아무리 악역이라도 죽는 사람 편에 서서 자신의 처지를 생각하며 우울해한다. 건강한 사람은 상상할 수도 없을 만큼 아주 사소한 것들도 모두 다 고통이 되는 것이다. 이때 환자의 마음속에는 히스테리적인 고함소리가 들린다.

"잊지 마, 나는 아직 살아 있어! 내 목소리를 들을 수 있어? 나는 아직 죽지 않았다고!"

호지킨 림프종Hodgkin lymphoma을 앓는 한 여성이 있었다. 그녀가 세상을 떠나기 3개월 전까지 의사와 나누었던 이야기를 들어보자. 우리는 이 대화를 통해 그녀가 얼마나 죽음 앞에서 분노했는지를 느낄 수 있을 것이다.

병원에 입원한 그녀에게는 남다른 취미가 하나 있었는데, 다름 아닌 '병실 나들이'였다. 그녀는 틈만 나면 이 병실 저 병실을 돌아다녔다. 그중에서도 중환자실을 방문하는 것을 특히 좋아했다. 그녀는 병실을 돌아다니면서 환자들이 필요한 것을 물어보고는 곧바로 간호사에게 쪼르르 달려가서 어서 빨리 그 요구를 들어달라고 재촉했다. 간호사들은 그녀의 '지나친 참견'이 너무 성가셨지만, 그녀 또한 심각한 병을 앓고 있는 환자였기 때문에 감히 뭐라고 말하지 못했다. 간호사들이 그나마 할 수 있었던 유일한 방법은 그녀와 조금이라도 덜 마주치려고 그녀가 보일 때마다 '줄행랑'을 치는 것뿐이었다. 하지만 간호사들이 피해 다닐수록 그녀는 더욱더 끈질기게 따라붙어서 참견했다. 결국 대책이 필요할 정도로 간호사들을 방해하자, 상담 의사를 보내 상담을 진행해 보았다.

의사 환자분, 왜 자꾸 이런 행동을 하시는 겁니까? 부인의 치료에 소홀한 것 같아서 화가 나고 불만이신 가요? 아니면 다른 사람들이 부인에게 관심이 없는 것 같아서 그러시는 건가요?

환자 아뇨. 난 단지 경험이 부족한 간호사들이 환자들의 고통을 진심으로 이해하지 못한다고 느꼈을 뿐이에요.

의사 그럼 환자분 상황을 말씀해 보세요. 지금 가장 힘든 것이 무엇입니까, 통증입니까?

환자 당연하죠! 그럼 선생님이 한번 암 환자가 되었다고 상상해 보세요. 그게 힘들면 환자들에게 일일이 물어보세요. 제가 가장 꼴 보기 싫은 것이 뭔지 아세요? 간호사들이 온갖 그럴듯한 핑계만 대면서 암 환자들의 고통을 그냥 내버려 두는 거예요. 말로는 약에 중독될까 봐 그런다더군요. 하지만 우리 같은 사람들은 살날이 얼마 남지 않았다는 걸 알아야 해요. 그러니 중독되어 봤자 얼마나 기회가 있겠어요? 암 환자에게는 이런 통증을 멈추게 해 줄 약물을 마음껏 사용할 권리가 있어요. 먹지도 자지도 못하고 고통이 삶의 전부가 될 거니까요. 주사를 놓으면 최소한 조금은 편하게 지낼 수 있잖아요. 조금 더 살면서 삶을 누리고 이야기도 할 수 있어요. 우리는 죽음이 앞에 있다는 걸 알아요. 우리에게 죽음보다 무서운 건 '고통'이라고요. 만약 고통을 사라지게 하지 않는다면 우린 누군가에게 병을 낫게 해달라고 개처럼 절망적으로 빌 수밖에 없어요.

의사 이곳에서 줄곧 그렇게 느꼈나요?

환자 그래요. 직접 보고 깨달았죠. 처음에 나는 그게 한 간호사만의 문제라고 생각했어요. 하지만 차츰 그들 모두의 문제라는 생각이 들더군요. 모두 다 한통속이 되어서 환자에 대한 최소한의 존중도 해 주지 않았어요.

의사 그렇다면 그들이 어떻게 해야 할까요?

환자 더욱 정성껏 암환자들에게 관심을 보여야죠.

그 후로도 병원에서는 날마다 한 명의 직원을 보내어 그녀와 이야기를 나누게 했다. 그녀는 매일 일정한 시간이 되면 자신이 하고 싶은 말을 마음껏 다 털어놓을 수 있었다. 그러자 그녀는 더 이상 병실을 돌아다니지 않았고 간호사들을 방해하지도 않았다. 그녀는 마치 마음속에 쌓인 응어리가 풀린 듯 여태까지와 다른 새로운 모습을 보여주었다. 그녀는 마음씨 따뜻하고 사랑이 넘치며 감정 경험이 풍부한 여인이 되었다. 임종이 다가왔을 때 그녀는 갈수록 더 많은 간호사들의 보살핌을 받았다. 간호사들은 그녀의 마지막 가는 길을 끝까지 함께 했다.

'분노를 참아본 사람이 분노한 다른 사람을 더 잘 위로할 수 있다'는 말은 바로 그녀를 두고 하는 말일 것이다. 그녀의 사례를 통해 우리는 죽음을 앞둔 환자들이 여러 가지 합리적 혹은 비합리적 분노에 직면했을 때 주위 사람들의 관용이 그들에게 얼마나 중요한지를 충분히 알 수 있다. 단지 환자의 하소연을 경청하고 그들의 분노에 공감하며, 그들이 고통의 감정을 털어놓을 수 있게 해 준다면, 그들은 조금 더 편안한 마음으로 자신에게 다가오는 죽음을 받아들일 수 있을 것이다.

제3악장, 때를 쓰듯 철없이 요구하다

'나무꾼의 도끼는 나무에게 도끼의 자루가 필요하다고 말했다. 그러자 나무는 곧 자신을 내주었다.' - 타협 Bargaining

이 단계는 잘 드러나지는 않지만 실제로 존재한다. 게다가 인생에서 가장 철없을 때의 어린아이 같은 모습을 보여준다. 처음 죽음을 맞닥뜨렸을 때 그들은 고통스러운 사실을 받아들이지 못하다가, 다른 사람에게나 하늘에다 대고 화풀이를 실컷 하고 나면 대개 이렇게 생각한다.

"혹시라도 신에게 잘만 이야기하면 죽는 것을 뒤로 미뤄 주시지 않을까?"

사실 이런 생각은 우리에게 전혀 낯설지가 않다. 어른들에게 부탁할 것이 있는 아이들이 항상 이런 논리를 내세우기 때문이다.

만약 친구 집에서 친구와 하룻밤을 보내고 싶은 아이가 부모로부터 '안 돼!'라는 대답을 들었다면, 아이는 발을 동동 구르며 화를 내거나 장난감을 집어 던지기도 하고 자기 방에 콕 처박혀서 아무도 상대하지 않으려고 한다. 하지만 그러다가 속으로는 어떻게 하면 허락을 얻어낼 수 있을지 고민하기 시작한다. 이를테면 숙제를 미리 다 해놓거나, 방 청소나 설거지를 돕는 것이다. 그런 후에 다시 부모에게 "이렇게까지 했는데, 한 번만 허락해 주시면 안 돼요?" 하고 물어본다. 그러면 그들은 확실히 마음이 누그러져서 그전에는 절대 불가능했던 요구도 들어준다. 말기 불치병 환자가 쓰는 방법도 이와 똑같은 논리다.

한때 오페라 가수였던 어느 구강암 말기 환자 S는 '남몰래' 신과 이렇게 타협하려고 했다.

"그럼 이렇게 합시다, 하느님! 제가 마지막으로 다시 고별 음악회를 하려고 합니다. 그리고 그 이후에는 더 이상 노래하지 않을게요. 그 대신 당신은 좋아하는 일을 더 이상 못하게 된 저를 불쌍히 생각해서라도 몇 년만 더 살게 해 주세요. 그럴 수 있죠?"

그런데 안타깝게도 암세포는 그녀의 아래턱과 얼굴에 심각한 변이를 일으켰고, 그녀는 더 이상 무대 위에서 노래할 수 없게 되었다. 그렇지만 그녀는 자신이 진심으로 좋아하는 것을 포기한다는 굳은 결심을 증명하기 위해서 병원 내에 환자들을 불러놓고 그들 앞에서 자신의 이야기를 하는 것으로 마지막 공연을 대신했다. 그녀는 사람들에게 자신의 성공과 실패 등 자신의 삶에 대해 이야기했다. 그리고 그녀는 신과 흥정을 벌였다.

"보세요. 저는 제가 그토록 좋아하는 노래를 포기했어요. 그럼 당신은 대체 무엇으로 제게 보답을 해 줄 건가요?"

환자들에게 '타협'이란 자신도 속이고 남도 속이는 위로와 같다. 그래서 그런 타협은 별로 오래 지속되지 못하고, 타협한 내용을 진심으로 실천에 옮기는 환자도 거의 없다. 마치 "날 용서해 주면 다시는 누나와 싸우지 않을게."라고 말해놓고서 언제 그랬냐는 듯이 다시 누나와 싸우는 어린아이와 같다.

오페라 가수였던 그녀도 틀림없이 계속해서 노래를 부르려고 시도할 것이다. 결국 그녀는 치아를 발치하기 전에 몰래 병원을 빠져나왔다. 공연을 할 수 없는 삶은 도저히 견딜 수 없었기 때문이다.

오히려 건강한 사람들이 평소에 신과 타협한 내용을 '성실하게' 실행에 옮기는 경우가 많다. 가령 "다시는 고기를 먹지 않을 테니, 우리 집 아픈 개를 낫게 해 주세요!"라고 타협한 뒤에는 진심을 다해 채소 위주의 식단을 짜기 시작한다.

제4악장, 우울함을 연주하다

'세상은 망설이는 마음의 거문고 줄 위를 내달리며 우울한 팡파르를 연주하고 있다.' - 우울 Depression

올해 마흔 살의 이李 여사는 회사 부사장으로 승진했다. 하지만 승승장구하는 그녀를 놀리기라도 하듯, 그녀는 얼마 전 자신의 질 바깥쪽 대음순에 생긴 검은 모반을 발견했고, 검사 결과 그 모반이 악성이 강한 멜라닌 종양이라는 진단을 받았다. 그녀는 곧바로 일부를 절제하는 수술을 받았으나 불행히도 암은 이미 전이된 상태였다. 의사는 결국 그녀에게 암을 100% 제거할 수 없으며 조건이 된다면 몇 가지 화학치료는 받을 수 있겠지만 별로 의미가 없다고 말해 주었다.

그 후 그녀의 친척과 친구들은 더 이상 예전의 열정적인 이 여사를 볼 수 없었다. 그녀는 온종일 아무 말도 하지 않았고 온몸을 축 늘어뜨린 허약한 모습으로 겨우 숨만 쉬었다. 또한 매일 밤 불면증으로 수면제를 먹어야 겨우 잠을 이룰 수 있었다. 정신과 검사 결과, 그녀가 심한 우울증을 앓고 있다는 진단이 내려졌다.

말기 환자들은 자신의 병에 대해 더 이상 부정하지 않는다. 그렇다고 하늘에다 대고 분노하지도 않으며, 자신의 상황을 이용해 타협할 생각은 더더욱 하지 않는다. 대신 일종의 깊은 공허함, 즉 '우울함'이 그 자리를 메운다.

죽음을 앞둔 사람은 모두 각자 우울한 사정이 있다. 유선암에 걸린 여자는 유방을 절제한 후의 몸매를 생각하면 기분이 편치 않다. 자궁암을 앓는 사람은 자신이 더 이상 여자가 아니라는 생각 때문에 슬프다. 장기 치료를 받는 사람은 마치 밑 빠진 독에 물을 붓는 것처럼 큰 진전도 없이 꼬박꼬박 내야 하는 병원비 때문에 걱정이다. 오랫동안 아파 누운 사람은 계속 일을 하지 못해서 생계를 책임질 수 없기 때문에 가정을 꾸리고 자식을 키울 생각에 우울하다. 앞에 언급했던 오페라 가수는 치아를 뽑아야 한다는 말에 넋이 나갈 정도로 놀라고 낙심했다.

이런 우울함은 모두 '상황' 때문에 느끼는 우울함이며, 우리 주위에서 심심치 않게 볼 수 있으며 그들의 마음도 충분히 이해가 된다. 이런 환자를 만났을 때 사람들의 첫 번째 반응은 대개 그들에게 매사에 밝은 면만 보라고 위로한다.

예를 들어 "가슴이 없으면 유방 재건 수술을 받으면 돼. 아니면 인공 유방도 있지 않니."라고 말하면서 부정적인 생각은 하지 말고 희망을 잃지 말라고 한다. 하지만 이런 위로는 대부분 우리 자신을 위한 것이다. 상대방의 우울한 얼굴을 오랫동안 보고 있기란 참으로 어려운 일이고 게다가 그런 감정은 쉽게 전염되기 때문이다.

많은 사람이 말기 암 환자들이 겪는 우울함은 주로 이러저러한 상황으로 인한 우울함이라고 생각한다. 그래서 이런 환자들이 세상과의 영원한 이별을 기다리는 과정에서 겪는 '죽음으로 인한 우울함'에는 소홀하기 쉽다.

일반적인 우울증과는 달리 시한부 삶이라는 우울증을 치료하려면 그를 격려하고 위로하는 방법은 별로 효과가 없다. 게다가 시의적절하지도 않다. 매사에 밝은 면만 보라고 위로하는 것은 마치 "죽음에 대해 생각하는 것은 완전 잘못된 일이야."라고 말하는 것과 같다.

또한 그들에게 너무 상심하지 말라고 말하는 것은 그들과 대립하는 것과 마찬가지다. 사실 우리는 별로 친하지 않은 사람을 잃어도 상심한다. 말기 암 환자들은 살면서 사랑했던 모든 것을 잃는, 한마디로 말해 '자신의 인생과 사별하는 것'이다. 이럴 때는 차라리 자신의 슬픔을 마음껏 드러내고 표현할수록 오히려 더 담담하게 죽음을 받아들일 수 있다.

'상황으로 인한 우울함'을 겪는 환자는 비교적 강한 소통 욕구를 가지고 있다. 그들에게는 시간을 가지고 소통하려는 상대방의 열정과 적당한 대화방식을 찾는 일이 필요하다. 그와 달리 '죽음을 앞둔 우울함'을 겪는 이들에게 필요한 것은 바로 '영혼의 교류'다. 그래서 그들은 늘 조용하게 지내며, 말이 아예 필요 없거나 아니면 아주 최소한의 말만 필요하다. 그들에게는 가볍게 손을 잡아주고 머리를 따뜻하게 어루만지거나 가만히 옆에 있어 주는 것이 가장 큰 힘이 된다. 지나치게 안부를 묻거나 그들을 기분 좋게 띄우려고 이것저것 시도하는 것은 오히려 그들의 생각을 어지럽혀서 원하는 것과는 완전히 다른 결과를 얻을 수도 있다.

제5악장, 죽음을 받아들이다

'저는 이제 떠날 준비가 됐어요. 여러분도 부디 제가 가는 길이 편안하길 기도해 주세요. 날이 밝았어요. 제 어두운 방의 불빛도 이미 꺼졌고요. 다가온 운

명대로 떠날 준비를 할게요'. - 수용 Acceptance

만약 갑작스러운 죽음이 아니며 환자에게 충분한 시간이 남아있고 앞에 언급했던 도움들을 받았다면, 그는 죽음의 마지막 악장인 '수용 단계'로 들어서게 된다.

이 단계에 들어선 사람들은 마치 인생의 남은 감정을 모두 다 써버린 사람 같다. 그래서 건강한 사람에 대한 질투나 분노, 많은 것들을 잃는 것에 대한 아쉬움과 우울함, 그리고 뒤엉키고 무너진 감정들은 이미 오래된 과거가 되어버린다. 이미 마음속으로 자신을 위한 장례식을 거행하고 애도도 완전히 끝낸 상태다. 그들에게 남은 것은 그저 떠나갈 때를 조용히 기다리는 일뿐이다.

영화 「벤자민 버튼의 시간은 거꾸로 간다The Curious Case Of Benjamin Button」에는 이런 대사가 나온다.

> "어떤 때는 일이 뜻대로 되지 않아서 미친개처럼 울부짖으면서 하늘을 원망하고 남을 탓하고 운명을 저주하겠지. 아니면 그렇게 하지 말았어야 한다며 후회를 할 거야. 하지만 마지막 순간이 다가오면 우린 결국 모든 것에서 조용히 손을 떼고 그냥 돌아가게 놔둬야만 해."

그렇지만 이런 수용이 행복을 의미하는 것은 아니다. 이때 환자들은 이미 거의 아무런 감정도 없기 때문이다. 그들은 그저 평온하길 바랄 뿐, 그 어떤 것에도 흥미가 없다. 그저 다른 외부의 방해를 받지 않고 혼자서 운명을 맞이하길 바랄 뿐이다. 그들은 사람들의 병문안도 원치 않으며 말보다는 침묵으로 교류하고 싶어 한다.

죽음을 눈앞에 둔 환자들에게는 한 번의 악수, 눈빛, 또는 조용히 베개에 기대는 것이 쉬지 않고 '재잘거리는' 위로보다 더 큰 의미가 있다.

그런데 어떤 때는 모순된 상황이 벌어지기도 한다. 일부 말기 환자들이 분명히 마지막 수용 단계에 있는데도 그의 가족과 의료진들은 여전히 '병과 싸워 이기라'고 그를 격려하고 절대로 패배를 인정해서는 안 된다고 다그친다. 심지어 어떤 환자 가족은 이렇게 말한다.

"이제 와서 치료를 포기하면 넌 정말 이기적이야! 네가 우리에게 잘못하는 거라고!"

그렇다면 환자가 자신을 너무 일찍 포기했는지, 아니면 진정으로 마지막 수용 단계에 접어들었는지를 어떻게 구별해낼 수 있을까?

여기서 알아둬야 할 점은 자신을 너무 일찍 포기한 환자에게는 마음을 추스르고 의료의 도움을 받아 삶을 연장할 수 있지만, 진정으로 마지막 수용 단계에 접어든 사람에게는 잘못된 노력들이 오히려 그들에게 더욱 고통스런 죽음의 경험만 안겨줄 것이라는 사실이다.

다음 사례를 통해 당신은 위의 질문에 대한 해답을 찾을 수 있을 것이다.

B는 58세로 복부에 생긴 악성 종양 때문에 고통이 이루 말할 수 없을 정도로 심했다. 하지만 그녀는 병 앞에서 매우 용감했고 원망도 별로 하지 않았다. 주변 사람들의 눈에 그녀는 긍정적이고 침착하기로 유명한 사람이었다. 그런데 치료가 끝나가던 중 암이 전이되자 부인은 예전과 달라졌다. 전혀 상상조차 할 수 없을 정도로 의기소침해져 다른 사람과 좀처럼 어울리지 않고 자신을 주변으로부터 철저히 격리시켰다. 관심 있게 그녀를 지켜보던 의료진들은 결국 그녀에게 정신과 상담을 마련해 주었다.

정신과 의사는 방사선실 밖 간이침대 위에서 몸을 잔뜩 웅크리고 누워 있는 그녀를 만났다. 마침 그녀는 이제 막 검사를 끝낸 터라 몹시 지친 상태였다. 그녀는 정신과 의사를 보자 화장실에 가야겠다고 말했다. 그러더니 정신과 의사가 그녀를 부축해서 일으켜 세우자 대뜸 또 이렇게 말했다.

"됐어요. 신을 신발이 없으니 일단 병실로 돌아가는 것이 좋겠네요. 화장실은 나중에 나 혼자 갈 수 있어요."

그 시각 부인의 남편과 여러 의사가 모여 그녀의 병에 관해 토론을 벌이고 있었다. 그녀가 재수술을 할 경우 생명을 조금이라도 연장할 수 있는지를 진지하게 검토 중이었다. 아내를 잃는다는 현실을 도저히 받아들일 수 없었던 남편은 어떤 대가라도 치를 테니 기적을 일으켜 달라고 의사들에게 간곡히 부탁했다. 토론 끝에 그들은 다음 주에 부인의 재수술을 실시하는 것으로 결론을 내렸다.

그런데 이 소식을 전해 들은 부인의 건강은 급속도로 나빠지기 시작했다. 하룻밤 사이에도 기존에 투약한 양의 2배나 되는 진통제가 필요할 정도로 통증이 심했고 예전보다 훨씬 더 초조하고 불안해하면서 끊임없이 도움을 요청했다. 그러나 그녀에게는 수술을 거부할 힘이 없었다. 수술 날짜가 다가오자 그녀는 긴장한 기색이 더욱 역력했다. 그러더니 결국 수술 당일 수술실 안에서 '미친 사람'처럼 정신 착란 증세를 보였고 자신이 고문을 받는다면서 고래고래 소리까지 질렀다. 이 때문에 수술은 결국 취소되고 말았다.

앞에서 우리는 그녀가 정신과 의사에게 "됐어요. 신을 신발이 없으니 일단 병실로 돌아가는 것이 좋겠네요. 화장실은 나중에

나 혼자 갈 수 있어요."라고 한 말을 통해서 그녀가 진정으로 바라는 것이 무엇인지 알 수 있다. 이 말은 그저 단순히 화장실을 가려고 하다 마음을 바꾼 상황이 아니다. 그녀는 자신에게 가능한 한 많은 관심을 가져주길 바라지만, 그보다도 자신의 자존심을 지키고 자신의 바람을 이해해 주길 더 바란 것이다.

얼마 후 그녀와 정신과 의사의 상담을 통해 그 점은 사실로 판명되었다. 부인은 의사에게 이렇게 말했다.

"내 결혼생활은 무척 행복했고 의미 있었어요. 특별히 유감스러운 점은 없습니다. 그래서 그냥 나 혼자 조용히 떠났으면 좋겠어요. 다른 사람에게 폐를 끼치기도 싫고, 그이도 조금만 덜 찾아왔으면 좋겠어요. 지금 내가 살고 있는 유일한 이유는 아직도 내가 떠난다는 사실을 받아들이지 못하는 남편 때문입니다. 난 무척 화가 나요. 어떨 때는 너무 화가 나서 그이와 마주하고 싶지도 않아요. 나는 모든 것을 놓아버릴 준비를 하고 싶은데, 그이는 그런 내 마음도 모르고 내가 떠나지 못하게 꽉 붙잡고 놔주질 않아요!"

절망적인 가족들에게 이런 말을 대놓고 할 수 있는 환자들은 별로 없다. 하지만 그들의 행동 변화를 유심히 지켜보면 그 진심을 충분히 알 수 있으므로, 주위 사람들은 좀 더 관심을 가지고 눈치를 살펴야 할 것이다. 부인이 평소와 다르게 의기소침하고 수술 전에도 지나치게 초조하고 불안해했던 것은 그녀가 마지막으로 할 수 있는 '필사의 일격'이었다.

상담 결과를 들은 부인의 남편은 한참을 멍해 있었다. 그는 재수술만 하면 몇 년 전 건강했던 시절로 되돌아갈 수 있을 것이라는 희망을 갖고 있었다. 하지만 그 꿈은 산산조각이 나버렸다. 아내는 오히려 그를 더 멀리했고 평소와 다른 행동들로 진심을 내비쳤기 때문이다.

"혹시 아내의 소원이 무엇인지 아세요?"라고 의사가 물었을 때 남편은 아무 말도 할 수 없었다. 그는 여태껏 자신이 아내의 소원이 무엇인지를 생각해 본 적이 없었다. 그저 막연히 아내도 자신의 바람과 똑같을 것이라고 생각했다.

남편은 말기 환자가 '수용' 단계에 들어가면 죽음이 일종의 해탈의 경지로 보인다는 사실을 알지 못했다. "사랑은 잡은 손을 놓아주는 것이다."라는 말처럼, 만약 환자가 일찍이 자신이 사랑했고 미련을 가졌던 사람과 일에서 떠나려고 하는 것을 인정해주고 도울 수 있다면, 그들은 오히려 홀가분하게 이 세상을 떠날 수 있을 것이다.

티끌은 티끌로, 흙은 흙으로 돌아가듯, 유종의 미를 거두며 인생 여정은 이렇게 끝이 난다.

죽음이야말로
가장 '진실한' 순간이다

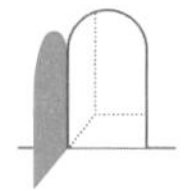

"이것은 2년 전에 일어난 일로, 그때 나는 만 19살이었다. 그날 밤 나는 차로 친구를 집에 데려다주는 길이었다. 가는 도중에 시내 중심의 한 교차로 앞을 지나게 되었다. 나는 잠시 차를 멈추고 양쪽을 살펴보았다. 마침 교차로로 진입하는 차량이 없기에 나는 얼른 기어를 변속하고 속도를 냈는데, 그때 갑자기 옆자리에 앉아있던 친구가 날카롭게 비명을 질렀다. 그러고 나서는 눈이 따가울 만큼 밝은 빛이 내 시야에 들어오더니, 차 한 대가 헤드라이트를 켠 채 쌩하고 지나가는 것이었다. 그 순간 어마어마하게 큰 굉음과 함께 차의 한쪽 면이 세게 부딪쳤고, 나는 엄청나게 빠른 속도로 어둡고 폐쇄된 공간을 통과하는 듯한 느낌이 들었다.

그 후 나는 지면에서 2미터 정도 붕 떠올랐다가 사고 지점에서 약 4미터 정도 떨어진 바닥으로 추락했다. 충돌할 때의 진동도 그제야 겨우 사라졌다. 나는 차 주위로 몰려드는 사람들을 보았고, 사람들이 내 친구를 차 안에서 끄집어내는 모습과 잔뜩 놀라서 겁을 먹은 친구의 얼굴도 보았다. 그리고 내 몸을 보았는데 그 느낌은 정말이지 이상했다. 무의식중에 나는 한 무리의 사람들을 보았는데, 그 안에 내가 있는 것이 아닌가. 그들은 나를 부서진 차량에서 꺼내려고 애쓰고 있었다. 그리고 내 다리는 부러진 채 질퍽하게 흐른 핏물에 잠겨있었다."

위 사례자는 교통사고로 거의 목숨을 잃을 뻔한 상황에서 이 같은 경험을 했다. 이번에는 물에 빠져 죽을 뻔한 상황에서 경험한 사례다.

엄청난 굉음과 함께 좁고 어두운 통로를 지나자, 어린 시절에 느꼈던 감정과 삶의 모든 추억이 통로 끄트머리에서 반짝거렸다. 그것들은 평소에 늘 보던 형상은 아니었으며, 마치 생각을 재현하는 것 같았다. 정확히 묘사할 수는 없지만, 그것들은 분명히 그곳에 있었다. 그곳에서 갑자기 나타나긴 했지만 한꺼번에 나타난 것이 아니라 번쩍거리다가 사라지기를 반복했다. 하지만 그 속에는 내가 한 모든 일이 담겨있었다. 나는 나의 어머니가 생각났고, 내가 잘못한 일들이 생각났다. 어렸을 때 저질렀던 황당한 일을 보고 부모님의 느낌을 생각하자, 그때 그렇게 하지 않았어야 한다는 후회도 들었다. 할 수만 있다면 과거로 돌아가서 모든 것을 바꾸고 싶었고, 해보지 못한 일들도 해 보고 싶었다.

이와 같은 경험을 했든 아니든 간에 저승문 앞에 한번 갔다 왔거나 주위 사람의 죽음을 겪은 사람들이라면 대부분 '부활'한 후에 인생의 질적인 변화를 새롭게 느끼고 완전한 새 삶을 살아간다. '당신을 죽이지 못한 일이 결국 당신을 크게 변화시킬 것이다.'라고 말하는 이유도 여기에 있다. 그만큼 죽음이란 사람들을 '각성하게' 만든다.

진정한 죽음의 '따끔한 경고'를 받지 못한 사람들은 습관적으로 '거짓 죽음' 상태에 놓여 정해진 패턴에 따라 살아 있는 송장처럼 살아간다. 그래서 남들이 다 하는 것처럼 아무 생각 없이 어릴 때는 학교에 다니고, 커서는 일자리를 구하며, 결혼을 해서 아이를 낳고, 집을 사고, 사업에서 두각을 나타내면서, 해안 별장이나 두 대의 자동차를 꿈꾸고, 휴일에는 친구와 놀러 다니다가, 나이 들어 은퇴를 준비한다.

이처럼 우리 삶은 너무 단조롭고 자질구레하며 똑같은 일상의 연속이며, 깨알처럼 작은 일에 쓸데없이 감정과 정력을 낭비한다. 심지어 어떤 사람은 다음 식사 때는 무얼 먹고 내일은 무얼 입을지를 최대 고민으로 여기고 살아가기도 한다. 그중 다만 몇몇 사람들만이 자신에게 이런 질문을 던진다.

"평생 무엇을 하며 살 것인가?

과연 무엇이 의미 있는 일일까?

타인을 위해 나는 무엇을 하는가?"

일부 사람들은 한밤중에 잠이 오지 않거나 새벽에 깨어나 문득 이런 생각이 들어도 1초 뒤에는 '에이, 나중에 다시 고민하자!'라고 생각해 버린다. 그렇지만 당신과 하등 상관없어 보이는 물리학도 당신의 인생철학을 이야기할 수 있다.

'매번 원자가 상호작용을 하면 원래의 소립자는 파괴되고 새로운 소립자가 생산된다. 다음 원자의 세계는 끊임없이 생겼다가 사라지고, 질량은 에너지로, 에너지는 질량으로 변한다. 뜬구름처럼 갑자기 나타났다가 갑자기 사라지면서, 영원히 기한도

없고 항상 혁신적인 실체를 끊임없이 창조해낸다.'

그런데 당신은 왜, 무엇 때문에 당신의 인생을 깊게 고민하지 않고 미래의 계획을 실행에 옮기지 않으며 질질 끄는가?

1년 4계절, 날씨, 하루의 시간, 이 책을 읽는 동안 집 안의 빛, 길을 걸으면서 스쳐 지나가는 사람들… 그리고 우리 자신이 있다. 우리가 했던 모든 일들, 우리가 갔던 곳, 예전 신념들… 그중 변하지 않는 것이 어디 있는가?

지금 이 순간, 우리가 진정으로 소유할 수 있는 것은 무엇인가?

이 세상에 영원한 것은 없다. 다음 1초가 인생의 마지막 1초가 될 수도 있는 것이다.

그러니 진짜로 죽음이 찾아와 그 끔찍한 실체를 자세히 들여다볼 수 있을 때까지 기다리지 말자. 만약 평생도록 죽음의 공포에 시달리기 싫다면, 또 마지막 순간에 자신의 인생에서 후회스러웠던 일들을 떠올리기 싫다면 무엇을 더 기다리는가?

지금 바로 여기, 이곳, 그리고 당신의 삶을 열심히 살면 되는 것이다!

우리가 받아들이는 정보와 지식은
모두 무의식을 거쳐 편집된 내용이다.
레오나르드 믈로디노프

무의식을 의식화하지 않으면
결국 무의식이 우리의 삶의 방향을 결정하는데
이런 것을 두고 '운명'이라고 한다.
칼 구스타프 융